Konterrevolution

Jan Zielonka, 1955 in Polen geboren, ist Professor für Europäische Politik und Ralf Dahrendorf Fellow an der Oxford University.

Jan Zielonka

Konterrevolution

Der Rückzug des liberalen Europa

Aus dem Englischen von Ulrike Bischoff

Campus Verlag
Frankfurt/New York

Counter-Revolution. Liberal Europa in Retreat was originally published in English in 2018. This translation is published in arrangement with Oxford University Press. Campus Verlag is solely responsible for this translation from the original work and Oxford University Press shall have no liability for any errors, omissions or inaccuracies or ambiguities in such translation or for any losses caused by reliance thereon. Die englischsprachige Originalausgabe erschien 2018 unter dem Titel *Counter-Revolution. Liberal Europa in Retreat.* Diese Übersetzung erscheint in Absprache mit Oxford University Press. Für die Übersetzung der Originalausgabe ist der Campus Verlag allein verantwortlich und Oxford University Press haftet nicht für Fehler, Auslassungen oder Ungenauigkeiten oder Uneindeutigkeiten dieser Übersetzung sowie für die im Vertrauen auf diese verursachten Schäden.

ISBN 978-3-593-51009-5 Print
ISBN 978-3-593-44054-5 E-Book (PDF)
ISBN 978-3-593-44058-3 E-Book (EPUB)

Umschlaggestaltung: Campus Verlag GmbH, Frankfurt am Main, nach einem Entwurf von Oxford University Press.
Umschlagmotiv: Shutterstock.com
Satz: DeinSatz Marburg | tn
Gesetzt aus der Scala und der Scala Sans
Druck und Bindung: Beltz Grafische Betriebe GmbH, Bad Langensalza
Printed in Germany

www.campus.de

Inhalt

Prolog

Einige Monate nach dem Fall der Berliner Mauer schrieb Ralf Dahrendorf ein Buch nach dem Vorbild von Edmund Burkes Schrift *Betrachtungen über die Französische Revolution.*[1] Ebenso wie Burke entschloss er sich, seine Analyse in Form eines Briefes abzufassen, den er an einen Herrn in Warschau richtete.[2] Darin wollte er die außerordentlichen Ereignisse erklären, die in Europa vor sich gingen. Dahrendorf teilte nicht Burkes liberalen Konservatismus und sein Buch liest sich nicht wie Burkes politisches Pamphlet. Vielmehr versuchte er, in seinem Arbeitszimmer im St Antony's College in Oxford ruhig über die Folgen der turbulenten Zeit um 1989 nachzudenken. Er sah in Osteuropa eine liberale Revolution entstehen und wollte sowohl die sich dadurch eröffnenden Chancen als auch die auf dem Weg liegenden Fallstricke ausmachen.

Mein Buch hat die Form eines Briefes an meinen verstorbenen deutschen Mentor Ralf Dahrendorf. Es folgt seiner Linie insofern, als es über die Auswirkungen der ebenso turbulenten Zeiten drei Jahrzehnte später nachzudenken versucht. Ich sehe in Europa eine illiberale Konterrevolution in Gang kommen und möchte deren Wurzeln und Weiterungen verstehen. Zerfällt Europa? Können offene Gesellschaften überleben? Wie lässt sich die Wirtschaftskrise überwinden? Wird Europa sich wieder sicher fühlen?

Obwohl Dahrendorfs Buch und meines im gleichen Geiste und am gleichen Ort geschrieben wurden, sind sie doch völlig verschieden. Ich mag zwar den Titel Ralf Dahrendorf Professorial Fellow tragen, bin aber natürlich nicht er. Er wuchs im nationalsozialistischen Deutschland auf, ich im kommunistischen Polen. Als Erwachsener erlebte er Staaten, die Sozialsysteme aufbauten, Parlamente, die Märkte regulierten, und eine Presse, die der entscheidende Ort des demokratischen Diskurses war. Dagegen erlebte ich als Erwachsener Staaten, die Sozialsysteme abbauten, Parlamente, die Märkte deregulierten, und das Internet, das zum entscheidenden Ort des demokratischen Diskurses wurde. Dahrendorf war Mitglied des politischen Establishments (»wenn auch ein eigenwilliges«)[3]: parlamentarischer Staatssekretär im Auswärtigen Amt, britischer Lord und Kommissar der Europäischen Gemeinschaft. Auch ich lebte in verschiedenen Ländern, blieb aber eine Art »intellektueller Provokateur« ohne politische Bindungen oder Ämter.[4]

Vor allem aber befassen sich unsere Bücher mit entgegengesetzten Prozessen. Sein Buch behandelt die Revolution, die Grenzen für Menschen, Ideen und Handel öffnete; die Schaffung von Rechtsstaatlichkeit und Demokratie, die Überwindung der Geister des Westfälischen Friedens in zwischenstaatlichen Beziehungen, mein Buch behandelt dagegen die Konterrevolution, die das alles zerstört. In seinem Buch geht es um die Ausweitung des liberalen Projekts auf Osteuropa, in meinem um den Rückzug dieses Projekts unter dem Druck antiliberaler Aufrührer auf dem gesamten Kontinent.

Dies ist jedoch kein Buch über Populismus, sondern über Liberalismus. Populismus ist in liberalen Kreisen zu einem beliebten Thema avanciert und niemand hat populistische Irreführungen und Gefahren je verlässlicher aufgedeckt als liberale Autoren. Aber Liberale haben sich im Fingerzeigen auf andere als besser erwiesen als in der Selbstreflexion. Sie verwenden mehr Zeit darauf, den Aufstieg des Populismus als den Niedergang des Liberalismus zu erklären. Sie weigern sich, in den Spiegel zu schauen und ihre eigenen Mängel zu erkennen, die zur Populismuswelle beigetragen haben. Mein Buch möchte dieses Ungleichgewicht beheben: Es ist die selbstkritische Schrift eines lebenslangen Liberalen.

Als Dahrendorf sein Buch schrieb, herrschte in Europa ein großes Durcheinander, aber die Unsicherheit beschränkte sich vornehmlich auf den Osten, wo das kommunistische System zu bröckeln begonnen hatte. Heute ist ganz Europa durcheinander, da das liberale System nicht nur in Warschau und Budapest, sondern auch in London, Amsterdam, Madrid, Rom, Athen und Paris zu bröckeln beginnt. Die europäischen Bürger sind verunsichert und wütend. Ihre politischen Führungskräfte wirken inkompetent und unehrlich. Ihre Unternehmer machen einen hektischen und verzweifelten Eindruck. Politische Gewalt nimmt zu, hauptsächlich, aber nicht nur aufgrund von Terrorismus. Wie ist es möglich, dass ein friedlicher, reicher und integrierter Kontinent zerfällt? Warum machten sich die scheinbar pragmatischen Europäer auf eine Reise ins Unbekannte unter populistischem Banner? Warum ist Europas Wirtschaftsgovernance weder gerecht noch effektiv? Wer oder was trägt daran die Schuld? Wie sollen wir den gegenwärtigen Tumult überstehen? Und vor allem, wie lässt sich die Pendelbewegung der Geschichte umkehren? Mit diesen Fragen werde ich mich hier befassen.

Mein Brief legt nahe, dass Europa und sein liberales Projekt neu erfunden und geschaffen werden müssen. Es gibt keinen einfachen Weg zurück. Europa ist es nicht gelungen, sich auf enorme geopolitische, wirtschaftliche und technologische Veränderungen einzustellen, die in den letzten drei Jahrzehnten über den Kontinent hinweggefegt sind. Europäische Demokratie-, Kapitalismus- und Integrationsmodelle befinden sich nicht in Einklang mit neuen komplexen Netzwerken von Städten, Bankern, Terroristen oder Migranten. Liberale Werte, die Europa über viele Jahrzehnte hinweg zur Blüte verholfen haben, sind verraten worden. Die Eskalation von Emotionen, Mythen und gewöhnlichen Lügen lässt wenig Raum für Vernunft, Beratungen und Einigung.

Daher steht den Europäern ein weiteres »Tal der Tränen« bevor, denn ich glaube nicht, dass Bundeskanzlerin Merkel oder Präsident Macron Europa im Alleingang aus dem gegenwärtigen Dilemma führen können. Der Liberalismus mag zwar im Niedergang begriffen sein, aber er ist noch nicht am Ende. Die neoliberalen Abwege haben viel Schaden angerichtet, es besteht jedoch kein Grund, einige liberale Grundüberzeugungen aufzugeben: Rationalität, Freiheit, Individualität, kontrollierte Macht und Fortschritt. Die Konterrevolutionäre haben viele Gewinne erzielt, indem sie die Schwächen der EU, der liberalen Demokratie und des freien Marktes ausgeschlachtet haben, aber ihnen fehlt ein plausibles Programm für eine Erholung und Erneuerung.

In der Geschichte Europas gibt es viele dunkle Kapitel, aber auch glanzvolle, die von einer bemerkenswerten Fähigkeit zur intellektuellen Reflexion, öffentlichen Beratung und institutionellen Erneuerung zeugen. Ich bin fest davon überzeugt, dass sich das gegenwärtige europäische Dilemma durchaus in eine wunderbare Renaissance wenden ließe. Allerdings bedarf es dazu eines ernsthaften Nachdenkens darüber, was schiefgegangen ist. Dieser Brief versucht diese Überlegungen unvoreingenommen und furchtlos anzustellen.

Ich bin Politikwissenschaftler, kein Philosoph oder Historiker. Ich versuche zu verstehen, wie bestimmte politische Ideen die Strategien von Politikern und Unternehmern prägen. Typologien und die Entwicklung verschiedener liberaler Strömungen werden besser andernorts analysiert. Anders als die meisten Historiker schaue ich zurück, um die Zukunft zu verstehen, wenn schon nicht vorherzusehen. Anhand verschiedener neuer Merkmale der Demokratie, der Wirtschaft und der Kommunikation, die ich aufzeige, versuche ich, ein neues liberales Projekt für einen Kontinent vorzuschlagen, der sich nicht nur durch das konterrevolutionäre »Erdbeben«, sondern auch durch allmähliche technologische, gesellschaftliche und ökologische Prozesse vor Herausforderungen gestellt sieht. In diesem

Brief geht es teils um Moderne, Konnektivität und Digitalisierung. Wie lassen sich Staaten, Städte, Regionen und internationale Organisationen dazu bringen, in einer Umgebung ständig wachsender wechselseitiger Abhängigkeit besser zu funktionieren? Wie kann man Transparenz, Verantwortlichkeit und Gouvernementalität in einem Europa mit »unscharfen« Grenzen stärken? Wie soll man Bürger vor Gewalt, Ausbeutung und Klimawandel schützen? Wie lässt sich die Politik der Angst durch die Politik der Hoffnung ersetzen? Zuweilen mag ich in diesem Brief übertrieben düster klingen, aber ich glaube an ein gutes Ende für Europa und sogar für Liberale.

Kapitel 1
Von der Revolution zur Konterrevolution

Lieber Ralf,
einige Stunden, nachdem das Ergebnis des Brexit-Referendums bekannt gegeben wurde, versammelten sich Studierende und Lehrkräfte deines St Antony's College im European Studies Centre. Die meisten der Anwesenden, eine recht internationale Schar, waren deprimiert, manche hatten sogar Tränen in den Augen. Sie konnten nicht fassen, dass die Mehrheit der britischen Wähler für den Austritt aus der Europäischen Union gestimmt hatte. Sie konnten nicht begreifen, warum ein Berg rationaler Argumente für den Verbleib in der Union auf taube Ohren gestoßen war. Wieso wurden umfangreiche statistische Belege für die Kosten des EU-Austritts ignoriert? Wie konnten die scheinbar doch so pragmatischen Briten sich weigern, den Akademikern, Journalisten, Experten zu vertrauen? Und warum hatten dubiose Politiker wie Nigel Farage, Andrea Leadsom und Michael Grove die Oberhand über die Sieger der letzten Parlamentswahlen, David Cameron und George Osborn, gewonnen? Die meisten dieser Fragen blieben unbeantwortet.

Kurz vor dem Brexit-Referendum war ich in Italien, wo die Fünf-Sterne-Bewegung unter der Führung des Comedian Beppe Grillo bei den Kommunalwahlen gerade den Bürgermeisterposten in Rom und Turin errungen hatte. In Rom warf die Fünf-Sterne-Bewegung der sozialdemokratischen Verwaltung Vetternwirtschaft, Inkompetenz und Korruption vor. Die Wahlergebnisse waren ein unerwarteter Schlag für den Vorsitzenden der Partito Democratico, Premierminister Matteo Renzi. Grillo erklärte den verblüfften italienischen Kommentatoren rundheraus: »Sie sind unfähig, die Geburt und den Aufstieg meiner Bewegung zu begreifen, weil Sie alles in Ihre eigene Sprache übersetzen. Sie sind schlichtweg von der Realität abgeschnitten.«[1] Einige Monate später trat Matteo Renzi als Ministerpräsident zurück, nachdem er beim Referendum keine Mehrheit für seine Verfassungsreform hatte gewinnen können.

Nach dem Brexit-Referendum flog ich nach Polen, wo die Oppositionsparteien den Gewinnern der Wahlen im vorangegangenen Jahr vorwarfen, einen Verfassungscoup zu inszenieren, die Justiz lahmzulegen und die öffentlichen Medien von Kritikern zu säubern. »Ich bin kein Diktator«, erklärte Jarosław Kaczyński der Tageszeitung *Rzeczpospolita*. »Polen ist eine musterhafte Demokratie und eine Insel der Freiheit in einer Welt, in der Freiheit selten ist.«[2]

Was geht da vor? Wer hat recht, wer unrecht? Wie etabliert man Wahrheit in dieser Ära der Postwahrheit? Sind die europäischen Wähler verrückt geworden? Sind Nigel Farage, Beppe Grillo und Jarosław Kaczyński Propheten oder Scharlatane? Haben diese oben erwähnten politischen Erfahrungen etwas gemeinsam? Zeigen sie eine neue Entwicklung der europäischen Politik auf, und wenn ja, wie benennen wir sie?[3] Wir leben eindeutig in turbulenten Zeiten mit ungewissem Ausgang. Seit Langem bestehende Annahmen gelten nicht mehr. Symbolpolitik ist an die Stelle von Realpolitik getreten. Gegenwärtig scheint alles möglich. Und doch müssen wir versuchen, die Geschichte zu begreifen, die mit einer Kraft und Geschwindigkeit über Europa rollt, wie wir sie nicht erlebt haben, seit du vor annähernd dreißig Jahren deine *Betrachtungen über die Revolution in Europa* geschrieben hast.

Lass mich auf deine Befürchtungen zurückkommen und die gegenwärtigen Entwicklungen in den Kontext der von dir untersuchten Revolution von 1989 einordnen. Ich tue dies, weil ich glaube, dass wir einen konzertierten Versuch erleben, das nach dem Fall der Berliner Mauer geschaffene System abzuschaffen. Wir erleben eine Konterrevolution.

Was am 23. Juni 2016 in Großbritannien passierte, ist nur eine von vielen Episoden, die den Aufstieg einer starken Bewegung ankündigen – einer Bewegung, die darauf abzielt, das Narrativ und die Ordnung zu zerstören, die seit 1989 auf dem gesamten Kontinent herrschen: liberale Demokratie und neoliberale Wirtschaft, Migration und eine multikulturelle Gesellschaft, historische »Wahrheiten« und politische Korrektheit, moderate politische Parteien und Mainstream-Medien, kulturelle Toleranz und religiöse Neutralität. Wie die angeführten Beispiele Italien, Großbritannien und Polen zeigen, gibt es lokale Varianten dieser Bewegung, aber ihr gemeinsamer Nenner ist die Ablehnung jener Personen und Institutionen, die Europa in den vergangenen drei Jahrzehnten regiert haben. Zudem sollten wir uns nichts vormachen, indem wir auf die Wahlergebnisse in den Niederlanden, Frankreich und Großbritannien von 2017 verweisen. Mark Rutte, Emmanuel Macron und Theresa May haben einen Teil der konterrevolutionären Rhetorik übernommen, um Stimmen zu gewinnen. Rutte geißelte Migranten, Macron drosch auf traditionelle Parteien ein und May befürwortete einen harten Brexit. Kann der Liberalismus mit so vielen illiberalen Ornamenten überleben? Sollten Liberale sich freuen, weil »gemäßigte« Populisten die Oberhand über harte Populisten gewonnen haben? Selbst im reichen und stabilen Deutschland zog die rechtsnationalistische Alternative für Deutschland (AfD) nach den Wahlen 2017 mit 94 Sitzen in den Bundestag ein. Angela Merkel führt zwar weiterhin die Regierung, aber die CDU/CSU und die SPD erlitten eine historische Wahlniederlage.

Wir sollten auch den größeren geopolitischen Kontext im Blick behalten. Illiberale Politiker regieren mit dem Segen der Wähler in Europas größten Nachbarstaaten, Türkei und Russland. Die Wahl

Donald Trumps zum US-Präsidenten hat ebenfalls schwerwiegende Auswirkungen auf den alten Kontinent. Die Vereinigten Staaten mögen zwar durch den Atlantik von Europa getrennt sein, sind aber dennoch eine im Grunde europäische Macht; in Europa wird keine Entscheidung getroffen, ohne Amerika im Blick zu haben. Donald Trump redet wie viele europäische Konterrevolutionäre und während seines Präsidentschaftswahlkampfs erhielt er öffentliche Unterstützung von so prominenten europäischen Aufrührern wie Marine Le Pen und Nigel Farage.

Die Bedeutung von Wandel

Warum handelt es sich hier um eine Konterrevolution? In Europa werden weder Straßenbarrikaden gebaut noch Sitzstreiks in Fabriken abgehalten. Es gibt keine bestimmte Ideologie, die Protestbewegungen inspirieren oder einen würde. Es ist zwar viel von Antipolitik die Rede, aber die führenden Köpfe des Protests gründen Parteien und versuchen, Wahlen zu gewinnen. Es wäre allerdings falsch, anzunehmen, zu Revolution und Konterrevolution gehörten zwangsläufig Massenmobilisierung und an einem bestimmten Datum kulminierende Gewalt. Der Kommunismus ist mit nur wenig oder ganz ohne Gewalteinsatz zusammengebrochen. Polens Solidarność-Bewegung konnte 1980 Massenstreiks organisieren, nicht aber zehn Jahre später. Der Wandel erfolgte hauptsächlich durch Bündnisse zwischen alten und neuen Eliten und durch Wahlen. Und doch lässt sich schwer leugnen, dass dieser relativ friedliche Prozess Europa so weit verändert hat, dass es kaum wiederzuerkennen ist. Es war zwar nicht das Ende der Geschichte, aber nach und nach wurde die alte Ordnung durch eine neue ersetzt. Manche der alten Kommunisten konnten sich an der Macht halten, allerdings nur, nachdem sie sich zur neuen liberalen Ordnung bekannt hatten. Aus diesem Grund nanntest du es trotz aller Vorbehalte eine Revolution. Und seit 1990, als du dein Buch geschrieben hast, hat diese Revolution erhebliche Fortschritte gemacht.

Die Sowjetunion und Jugoslawien sind zerfallen, Deutschland ist wiedervereinigt und die Europäische Union und die NATO sind erheblich erweitert worden. Westliche Armeen, Unternehmen und Sitten drangen nach Osten vor. Viele begrüßten begeistert neue Regime auf ihrem Staatsgebiet, aber manche fühlten sich benachteiligt, weil sie anderer ethnischer Herkunft waren als die Mehrheit (zum Beispiel Russen in Lettland, Serben in Bosnien-Herzegowina) oder weil ihnen die entsprechenden beruflichen Qualifikationen für die neue Wettbewerbsumgebung fehlten. Seit Langem in Europa bestehende Machtverhältnisse wurden umgewälzt. Schon bald empfand Russland sich als Underdog, aber auch Frankreich sah sich gegenüber Deutschland in einer schwächeren Position als zuvor.

Der geopolitischen Revolution folgte die ökonomische. Mit dem Sturz des Kommunismus gerieten einige seiner universelleren Ideale unter Beschuss: Kollektivismus, Umverteilung, soziale Absicherung und staatliche Interventionen in die Wirtschaft. Das ebnete neoliberalen Wirtschaftslehren den Weg zu einer dominanten Stellung auf dem gesamten Kontinent und nicht nur in Großbritannien. Deregulierung, marktwirtschaftliche Orientierung und Privatisierung wurden selbst in Staaten, die von sozialistischen Parteien regiert wurden, zum Gebot der Stunde. Folglich expandierte der Privatsektor auf Kosten des öffentlichen Sektors. Märkte und Marktwert hielten in Bereiche Einzug, die bis dahin in Europa der öffentlichen Hand vorbehalten geblieben waren: Gesundheitswesen, Bildung, öffentliche Sicherheit, Umweltschutz und sogar nationale Sicherheit. Sozialausgaben wurden zurückgefahren, wenn nicht gar für bestimmte benachteiligte Gruppen völlig gestrichen. Selbst in Ländern wie Frankreich und Spanien, wo es einst mächtige Gewerkschaften gab, sind nicht einmal mehr zehn Prozent der Arbeitskräfte gewerkschaftlich organisiert. Seit 1989 hat sich die Mitgliederzahl der polnischen Gewerkschaft Solidarność auf ein Fünftel des einstigen Höchststandes reduziert. Gegenwärtig sind weniger als fünf Prozent der polnischen Arbeitnehmer Gewerkschaftsmitglieder.

In ganz Europa wurde Politik zunehmend als eine Kunst technokratischer Verwaltung von Institutionen dargestellt, nicht mehr als Kunst politischer Verhandlungen zwischen den Eliten und der Wählerschaft. Immer mehr Macht wurde an Institutionen delegiert, die keinen Mehrheitsentscheidungen unterworfen waren – Zentralbanken, Verfassungsgerichte, Aufsichtsbehörden –, um zu gewährleisten, dass nicht Leidenschaften, sondern Vernunft politische Entscheidungen lenkt. Politik, die öffentlichem Druck nachgibt, galt als unverantwortlich, wenn nicht gar als gefährlich. Mehrheiten gaben angeblich Geld aus, das sie nicht hatten, diskriminierten alle möglichen Minderheiten und unterstützten so heikle Maßnahmen wie Todesstrafe und Folter. Statt auf Bürger zu hören, sollte man sie erziehen. Die Vorstellung, dass das Gemeinwohl die Wünsche der Öffentlichkeit widerspiegeln sollte, wurde infrage gestellt. Vielmehr hieß es, Experten würden die Interessen der Allgemeinheit am besten erkennen: Generäle, Banker, Händler, Juristen und natürlich die Führungskräfte der Regierungsparteien.

Die Europäische Union, deren Befugnisse mit dem Vertrag von Maastricht ausgeweitet wurden, ist der Prototyp einer Institution, die nicht an Mehrheitsvoten gebunden ist, sondern durch »aufgeklärte«, vom Druck der Wähler weitgehend unabhängige Experten geführt wird. Der Europäische Rat besteht zwar aus demokratisch gewählten Politikern, allerdings hat die Einführung von Mehrheitsentscheidungen es den Mitgliedsstaaten erschwert, ein Veto gegen manche Beschlüsse einzulegen. Tatsächlich zeigten sich nationale Politiker eifrig bemüht, ihr jeweiliges Parlament durch Entscheidungen des Europäischen Rates zu umgehen.

Historiker mögen meine Geschichtsgliederung infrage stellen. Denn seit der Aufklärung waren diverse Politikergenerationen von liberalen Idealen beeinflusst. Parteien, die sich formal als liberal bezeichneten, hatten vor 1989 mehr Macht als nachher.[4] Neoliberale Wirtschaftslehren waren bereits einige Jahre vor dem Fall der Berliner Mauer im Aufwind. In Osteuropa wurde die liberale Demokratie 1989 geboren, in Westeuropa jedoch schon viel früher. Vor diesem Hintergrund repräsentierte 1989 einen symbolischen Triumph liberaler Ideale. Mit dem Fall der Berliner Mauer wurde der Liberalismus auf dem gesamten Kontinent zur »einzigen Möglichkeit«. Postkommunistische Staaten entwickelten sich zu den enthusiastischsten Verfechtern neoliberaler Wirtschaftslehren. Zudem akzeptierten sie mit Feuereifer den europäischen Integrationsprozess. Unterschiedliche liberale Strömungen verschmolzen zu einem paneuropäischen ideologischen Projekt; ehemals getrennte Mitte-links- und Mitte-rechts-Gruppierungen schlossen sich unter liberalem Banner zusammen; an so weit voneinander entfernten Orten wie Lissabon, Helsinki und Bukarest machte man sich die liberale Ordnung zu eigen. In diesem Sinne baute die liberale Revolution tatsächlich auf den Trümmern der Berliner Mauer auf, obwohl die Geschichte nicht an einem bestimmten Datum endet oder beginnt.[5]

Streitfragen

Du, Ralf, magst meine Beschreibung liberaler Herrschaft in den vergangenen drei Jahrzehnten zu hart und einseitig finden. Aber wenn man nicht gerade unterstellt, die Aufrührer besäßen göttliche Täuschungskräfte, ist nur schwer zu erklären, warum Wähler sich von der liberalen Sache abzuwenden begannen.[6] Irgendetwas muss furchtbar schiefgegangen sein, findet du nicht?

Selbstverständlich ist das Vermächtnis der vergangenen dreißig Jahre nicht nur negativ. Das Sowjetsystem war ineffizient, ungerecht und unterdrückerisch; es gibt keinerlei Grund zur Nostalgie über seinen Untergang. Die neoliberale Wirtschaft hat sich als fähig erwiesen, Wachstum und Innovation hervorzubringen. Und die Gefahren einer Mehrheitspolitik ohne konstitutionelle oder fiskalische Beschränkungen sind real. Warum sollte eine aktuelle Regierung Schulden machen dürfen, welche die kommenden Steuerzahlergenerationen zurückzahlen müssen? Ihr demokratisches Mandat, so stark es auch sein mag, bezieht sich auf die gegenwärtige, nicht auf die zukünftige Wählergeneration. Und sollte man zulassen, dass die Wahlsieger die Rechte religiöser Minderheiten oder die Frauenrechte zu beschneiden versuchen?

Selbst die intransparente Demokratie in der EU lässt sich verteidigen. Wie Robert A. Dahl zu Recht argumentierte, sind größere Einheiten offenkundig weiter von ihren Bürgern entfernt, aber besser in der Lage, zum Wohle ihrer Bürger mit globalen Zwängen fertig zu werden. Es besteht ein erheblicher Zielkonflikt zwischen Bürgerbeteiligung und Systemeffektivität.[7]

Dies ist jedoch eine recht großzügige Einschätzung der Ordnung nach 1989, die die Machtpolitik außer Acht lässt. Jede Revolution produziert Gewinner und Verlierer; die Letzteren sollten auf irgendeine Weise einbezogen werden, da sie sonst rebellieren. Verlierer zufriedenzustellen, ist nie einfach. Westdeutschland hat enorme Geldsummen in Ostdeutschland investiert, aber trotz all dieser Investitionen sind manche Bürger im Osten nach wie vor über die Veränderungen nach 1989 verärgert. Sie mögen zwar heute frei und relativ wohlhabend sein, fühlen sich jedoch als deutsche Bürger zweiter Klasse. Bei der Einbeziehung der Verlierer geht es eindeutig nicht nur um Geld. Polen erlebte in den vergangenen zehn Jahren ein höheres Wachstum als jedes andere europäische Land, dennoch stimmte die Mehrheit der polnischen Wähler 2015 für eine konterrevolutionäre Partei, die mit einem antiliberalen, antieuropäischen Programm Wahlkampf machte. Sie fanden, die in Polen erfolgreich regierende Elite interessiere sich mehr für die Meinung internationaler Ratingagenturen, der Auslandspresse und der europäischen Bürokraten als für die der einfachen Bürger. Warnungen, dieser Regimewechsel werde harte politische und wirtschaftliche Konsequenzen nach sich ziehen, wurden ignoriert.

Den meisten anderen Teilen Europas ging es wirtschaftlich nicht so gut wie Deutschland und Polen, was Kritikern der (neo)liberalen Revolution den Aufstieg erleichterte. Als Beispiel nehme man Ungarn, wo die Kombination aus schwachem Staat, inkompetenter Wirtschaft und Korruption einem autoritären, wenn nicht gar autokratischen Regierungschef wie Viktor Orbán den Weg ebnete. Portugal, Griechenland und Spanien waren nach der globalen Finanzkrise 2008 zahlungsunfähig. Angesichts eines sinkenden Bruttoinlandsprodukts und rasant steigender Arbeitslosenzahlen war es offensichtlich unmöglich, alle zufriedenzustellen. Menschen, die auf staatliche Zuwendungen angewiesen waren, nicht am Markt mithalten konnten oder durch mobile Wanderarbeiter unter Druck gerieten, waren bereit, ihre Stimme politischen Abenteurern zu geben, die Opposition gegen die herrschende Ordnung machten. Selbst in relativ wohlhabenden Staaten wie Italien, Frankreich, Österreich, den Niederlanden, Dänemark, Schweden und Finnland erwies es sich als schwierig, dem Druck der gegen das Establishment gerichteten Parteien zu entgehen.

Die Eurokrise und die nachfolgende Flüchtlingskrise demonstrierten, dass die neue Ordnung weniger effektiv und liberal war, als ihre Verfechter behaupteten. »Postkapitalismus« und »Postdemokratie« sind dem Original eindeutig unterlegen.[8] Zudem warfen die beiden Krisen ein Schlaglicht auf die wachsenden Ungleichgewichte zwischen den einzelnen europäischen Staaten. Es gibt nicht nur Gläubiger- und Schuldnerländer, sondern auch solche, die Entscheidungen treffen, und andere, die sie hinnehmen. Manche reden sogar von einem deutschen (Zufalls-)Reich in Europa.[9] Beide Krisen offenbarten außerdem, dass die europäischen Führungskräfte nicht imstande sind, ihren Kurs zu ändern und effektivere Maßnahmen zu ergreifen. Die strengen Regeln des Europäischen Fiskalpakts ließen den verschuldeten Ländern praktisch keinen Spielraum, ihre Wirtschaftspolitik anzupassen, und es gibt keine Vereinbarung über einen humanen, effizienten Umgang mit Migration.

Der Fall Griechenlands ist in diesem Zusammenhang äußerst erhellend. Das Land darf keine souveränen sozioökonomischen Entscheidungen mehr fällen, aber die von seinen europäischen Partnerländern verordneten Maßnahmen funktionieren eindeutig nicht. Nach drei aufeinanderfolgenden teuren Rettungspaketen besteht kaum Hoffnung, dass Griechenland seine Schulden jemals zurückzahlen wird. Auch die Behauptung, Griechenland werde seine Grenzen wirkungsvoll kontrollieren, nachdem man dem Land auf zahlreichen EU-Gipfeln gesagt habe, was zu tun sei, ist wenig glaubwürdig. Kein Wunder, dass der Umgang mit Griechenland viele Griechen enttäuscht hat, deren Ansichten nach dem Referendum 2015 und den Wahlen 2014 ignoriert wurden. Auch die Wähler in den Ländern, die Griechenland effektiv regieren, sind frustriert, weil sie keine ordentlichen Erträge ihrer Investitionen erhalten.

Konfrontiert mit dem Wählerdruck durch die »Neuen«, springen die etablierten rechten und linken Parteien lieber miteinander ins Bett als Fehler zuzugeben und eine Kehrtwende einzuleiten. Solche bis dahin unvorstellbaren Bündnisse haben wir zwischen der konservativen Nea Dimokratia und der sozialistischen PASOK in Griechenland erlebt wie auch zwischen Berlusconis Forza Italia und der postkommunistischen Demokratischen Partei (Partito Democratico) in Italien. Das verstärkte nur den Eindruck, alte ideologische Gräben seien verschwunden und durch eine neue (neo)liberale Vorstellung von Normalität oder, wenn man so will, Rationalität ersetzt worden. Das offizielle Narrativ war schwarz-weiß. Die etablierten Kreise bestanden auf der Fortführung von Projekten, die Europa »Wohlstand und Frieden« sicherten, und warfen Kritikern vor, sie versuchten ihre edlen Bestrebungen zu untergraben. Es mangelte an Selbstreflexion, ganz zu schweigen von Selbstkritik.

Die EU wurde zum Motor der Kooperation erklärt und alle, die sie kritisierten, galten als Agenten Putins. Die Tatsache, dass die EU in letzter Zeit durch ihr Versagen in der Eurokrise, der Flüchtlingskrise und in gewissem Maße auch in der Krise in der Ukraine erhebliche Konflikte hervorgebracht hat, wurde ignoriert oder geleugnet. Grundlegende Facetten neoliberaler Ökonomie gelten nach wie vor als sakrosankt, obwohl gerade sie zur Finanzblase von 2008 beigetragen und Millionen Europäer in Not gebracht haben. Es gibt auch keinerlei Eingeständnis, dass das bestehende System parlamentarischer Repräsentation grundlegend überdacht werden muss. Die Mainstream-Parteien haben es nie ernsthaft in Erwägung gezogen, geschweige denn in Angriff genommen, die Macht der Zentralbanken, der Verfassungsgerichte, der EU und anderer Institutionen, die nicht an Mehrheitsentscheidungen gebunden sind, zu beschneiden.

Im Laufe der Zeit häuften sich ungelöste Probleme und die offizielle Rhetorik gestaltete sich aggressiver. Die etablierten Tabus infrage zu stellen, wurde als verantwortungslos, wenn nicht gar verrückt hingestellt. Die Herrschenden waren bereit, der zunehmend verzweifelten Wählerschaft einige kosmetische Zugeständnisse zu machen, aber bisher haben die Sieger der Revolution von 1989 noch keinen ernst zu nehmenden Plan B vorgeschlagen. Eine Zeit lang war die Wählerschaft erstaunlich geduldig, begann dann aber allmählich, sich von den etablierten Parteien abzuwenden. Das eröffnete alternativen Politikern eine Chance. Sie versprachen, ein Regierungswechsel bedeute einen echten Politikwechsel, wenn nicht gar einen Systemwechsel.

Die konterrevolutionären Rebellen

Die konterrevolutionären Politiker sind ein gemischter Haufen. Zu ihnen gehören so unterschiedliche Persönlichkeiten wie Marine Le Pen, Beppe Grillo, Matteo Salvini, Geert Wilders, Gerolf Annemans, Alice Weidel, Alexander Gauland, Kristian Thulesen Dahl, Jimmie Akesson, Timo Soini, Norbert Hofer, Nigel Farage, Viktor Orbán, Jarosław Kaczyński, Robert Fico, Andrej Babis, Alexis Tsipras und Pablo Iglesias. Ihr persönlicher Hintergrund und ihre ideologischen Wurzeln sind ebenfalls äußerst unterschiedlich: Sie reichen von neofaschistisch bis neokommunistisch, von libertär bis konservativ, von antiausteritätspolitisch bis antimuslimisch, von nationalistisch bis sezessionistisch. Manche sind gemäßigt, andere sind Hardliner. Jene, die es in ihren Ländern an die Macht geschafft haben, reden und handeln anders als diejenigen, die noch immer von den Rändern her Wahlkampf machen. Aber eines haben sie alle gemeinsam: Sie sind gegen die Ordnung, die nach der Revolution 1989 geschaffen wurde. Sie greifen nicht nur die Politiker an, die Europa nach 1989 regiert haben, sondern auch deren politische Schlüsselprojekte: europäische Integration, konstitutionellen Liberalismus und neoliberale Wirtschaft.

Die meisten konterrevolutionären Rebellen stellen Migranten ins Zentrum ihrer politischen Kampagnen, weil sie darin ein wesentliches Produkt der Politik nach 1989 sehen, einer Politik der Grenzöffnung, des Minderheitenschutzes und der Schaffung wechselseitiger wirtschaftlicher Abhängigkeit. Manche dieser Politiker mögen Rassisten sein,[10] aber es gibt keinen Beleg dafür, dass Fremdenfeindlichkeit der Hauptgrund für ihre Haltung gegen Zuwanderung wäre. Von der oben angeführten Liste konterrevolutionärer Politiker nehme ich bewusst solche aus, die vorrangig von ethnischem Hass getrieben sind wie Ilias Panagiotaros von der griechischen Partei Goldene Morgendämmerung (Chrysi Avgi) und Gábor Vona von der ungarischen Partei Jobbik.

Selbstverständlich ist es problematisch, so unterschiedliche Politiker wie Jarosław Kaczyński und Alexis Tsipras in einen Topf zu werfen. Der eine ist ultrakonservativ, der andere radikal links. Kaczyński sieht Russland als Bedrohung, Tsipras sieht in Russland einen Verbündeten. Kaczyński will den Neoliberalismus abmildern, Tsipras ist grundsätzlich gegen neoliberale Ökonomie. Kaczyński hätte die EU gern unverbindlicher und zwischenstaatlicher, Tsipras möchte sie mitfühlender und föderaler gestalten. Kaczyński ist voll und ganz gegen die Aufnahme von Flüchtlingen, Tsipras fordert ein gerechtes und effizientes Verteilungssystem für Flüchtlinge. Und dennoch lässt sich schwerlich leugnen, dass beide die Eliten verabscheuen, die ihr jeweiliges Land in den vergangenen Jahrzehnten regiert haben, und beide ihr Land grundlegend umgestalten wollen. Sie machen Zugeständnisse, wenn sie von so mächtigen Politikern wie Angela Merkel oder so mächtigen Institutionen wie der EU oder dem Internationalen Währungsfonds dazu gedrängt werden, das bedeutet jedoch keineswegs, dass sie ihren Kampf für ein grundlegend neues Regime in ihrem Land aufgeben.

Häufig bezeichnet man die konterrevolutionären Politiker als Populisten. Dieser Begriff ist irreführend, ja stigmatisierend und erfasst das wesentliche Ziel dieser Politiker nicht, nämlich die Abschaffung der nach 1989 geschaffenen Ordnung und die Ablösung der mit ihr verbundenen Eliten. Ich finde viele Äußerungen dieser Politiker höchst kritikwürdig, das bedeutet allerdings nicht, dass ihre Kritik an der gegenwärtigen Ordnung nicht zumindest in manchen Teilen berechtigt wäre. Die herrschende politische und intellektuelle Elite ist allzu eifrig darauf bedacht, jegliche Kritik als »populistisch« abzutun.

Populisten sagt man nach, simple Lösungen für komplizierte Probleme vorzuschlagen. Allerdings ist an einfachen Lösungen nichts auszusetzen, wenn sie denn gerecht, effizient und nach demokratischen Verfahren beschlossen sind. Mindestlohn und Erbschaftssteuer sind weithin genutzte einfache Lösungen, um mit komplexen Problemen der Ungleichheit umzugehen. Sollte man sie »populistisch« nennen und deshalb aufgeben? Zudem sagt man von Populisten, sie nutzten moralistische Rhetorik, machten unrealistische Versprechungen und führten unfaire persönliche Angriffe gegen ihre Gegner. Leider lassen sich diese Vorwürfe auf die meisten heutigen Politiker anwenden und nicht nur auf die hier erörterte Gruppe. Vor allen nationalen Wahlen machen Politiker verschiedener Parteien leere soziale Versprechungen. Bombastische und moralistische Rhetorik gehört auch zum liberalen Repertoire. Man denke nur an das Gerede von der »Achse des Bösen« vor der Invasion im Irak 2003. Politische Gegner zu schmähen, ist in allen politischen Kampagnen zur Routine geworden. Ein Beispiel ist die Art und Weise, in der liberale Intellektuelle und Politiker ihre »populistischen« Gegner beschreiben. Nick Cohen verglich in *The Guardian* ein Treffen zwischen Nigel Farage und Julian Assange im März 2017 mit dem Hitler-Stalin-Pakt.[11] Farage »nutzt Chauvinismus aus und spielt mit Rassenängsten«, während Assange »den Gangsterkapitalisten des neuen Russischen Reiches Hilfsdienste leistet«, meint Cohen und schließt: »Extreme verschmelzen. Rot sickert in Schwarz ein.« Ich vermute, der Autor dieses Artikels hält sich nicht für populistisch, sondern für liberal.

Populisten heben angeblich die Spaltung zwischen »der Elite« und »dem Volk« übertrieben hervor, dämonisieren die Erstere und idealisieren das Letztere. Ihrer Ansicht nach sollte Politik ein Ausdruck des *volonté générale* des Volkes sein.[12] Aber das Volk mag nicht so »rein« und »vernünftig« sein, wie Populisten behaupten, und die Elite nicht so »korrupt« und »ineffizient«, wie sie versichern. Dennoch ist die Unterscheidung zwischen dem Volk und der Elite durchaus legitim und die Demokratie sollte gewährleisten, dass das Volk eine gewisse Kontrolle über die Elite hat. Damit will ich nicht für einen plebiszitären Demokratiebegriff, sondern für eine Demokratie eintreten, die auf Wählerwünsche reagiert und der Wählerschaft sinnvolle Mittel an die Hand gibt, die machthabenden Eliten und deren aktuelle Politik zu verändern.

Margaret Canovan hat einmal auf die zwei Facetten der Demokratie hingewiesen: die erlösende und die pragmatische. Die erlösende Facette sieht das Volk als einzige Quelle legitimer Autorität und verspricht das Heil durch Mobilisierung des Volkes. Die pragmatische Facette sieht Demokratie als eine Regierungsform mit Institutionen, die Macht einschränken und den Staat effizient machen. Populisten versuchen, den ersten Aspekt zu betonen und die Kluft zwischen Verheißung und Wirklichkeit der Demokratie auszunutzen.[13] Ich frage mich, ob das eine so beklagenswerte Strategie ist.

Selbstverständlich hängt viel von den Details ab. Häufig verwenden Populisten eine extrem harte Sprache, die an die finstere Seite menschlicher Instinkte appelliert und die anerkannten moralischen und politischen Normen missachtet.[14] Tatsächlich besteht darin ihre bewusste Strategie. Die etablierte Normalitätsvorstellung infrage zu stellen, erfordert es, die Grenze der politischen Korrektheit zu überschreiten.[15] Liberale mögen das moralisch verwerflich und ästhetisch abstoßend finden. Sie mögen »die hässlichen anderen« als verantwortungslos und gefährlich hinstellen. Ich streite gar nicht ab, dass es oft legitime Gründe für solche Darstellungen gibt. Aber diese »anderen« verstehen es immer geschickter, Wahlen zu gewinnen. Simon Jenkins schrieb treffend im *Guardian*: »Diese anderen sind nicht ›populistisch‹ – das neueste Buzzword intellektuellen Missbrauchs –, sie sind nur populär.«[16] Im Sommer 2017 stellten die konterrevolutionären Rebellen bereits die Regierungen in Ungarn, Polen, der Slowakei und Griechenland. In Finnland gehörten sie der Regierung an und stützten in Dänemark eine Minderheitsregierung. In Italien war die Fünf-Sterne-Bewegung und in den Niederlanden die Freiheitspartei jeweils die stärkste Oppositionspartei, während in Frankreich die »populistische« Kandidatin bei den Präsidentschaftswahlen den zweiten Platz belegte und die Spitzenkandidaten aller anderen etablierten Parteien schlug. In Großbritannien konnten die »Populisten« beim Brexit-Referendum die Oberhand gewinnen und in beiden führenden Parteien, Tories und Labour, Boden gutmachen. Im Herbst 2017 gewann die euroskeptische Partei ANO des Milliardärs Andrej Babis die Parlamentswahlen in der Tschechischen Republik und bei den Wahlen in Österreich und Deutschland errangen die rechten »Populisten« der FPÖ und der AfD deutliche Zugewinne.

Das letztgenannte Beispiel zeigt, dass der konterrevolutionäre Einfluss sich nicht allein am Wahlergebnis messen lässt. Vielmehr geben die Konterrevolutionäre den Ton des politischen Diskurses vor und bestimmen, welche Themen diskutiert werden; sie verleihen den Ängsten der Bevölkerung eine Stimme und decken Mängel der Liberalen auf; sie schüren die Politik der Angst, Bitterkeit und Rachsucht. Nigel Farage konnte nie einen Sitz im britischen Parlament erringen und dennoch kann man seinen Einfluss auf das Ergebnis des Brexit-Referendums kaum überschätzen. Bezeichnend ist auch die Tatsache, dass die liberalen Mainstream-Parteien in Frankreich nicht in der Lage waren, einen ausreichend starken Kandidaten aufzustellen, der Marine Le Pen hätte herausfordern können. Ich bin gerne bereit, den Zweifel für Emmanuel Macron sprechen zu lassen, aber er ist bisher noch ein recht rätselhafter politischer Unternehmer: ein Exbanker, zu politischer Prominenz gelangt durch die Sozialistische Partei, die er dann verriet, um seine eigene politische Bewegung, *En Marche!* (Vorwärts!), zu gründen, die weder rechts noch links sein sollte.[17] Als Macron die Präsidentschaftswahl gewann, priesen italienische Zeitungen ihn als Retter Europas. Schon einige Wochen später warfen manche ihm allerdings vor, er habe Italien und den europäischen Prinzipien den Krieg erklärt, weil er Italien Hilfe im Umgang mit den Flüchtlingen verweigerte, ein Abkommen zwischen den rivalisierenden lybischen Führern vermittelte, ohne Italien zu konsultieren, und eine französische Werft verstaatlichte, um deren Übernahme durch ein italienisches Unternehmen zu verhindern.

Zudem übernehmen selbst ernannte Liberale zunehmend eine Rhetorik, die durchweg jener der Populisten ähnelt. Das war besonders auffallend vor den niederländischen Wahlen 2017. Um die Bedrohung durch Geert Wilders abzuwehren, verfolgte die Liberale Partei (VVD) »eine Strategie, die aus dem Drehbuch Präsident Trumps hätte stammen können«, um die *New York Times* zu zitieren.[18] In seiner Siegesrede erklärte der VVD-Chef Mark Rutte, die niederländischen Wähler hätten »der falschen Art von Populismus« eine Absage erteilt, und unterstellte damit, es gebe einen guten und einen schlechten Populismus, wobei er für den ersteren und Wilders für den letzteren stehe.[19] Auch der Koalitionspartner der VVD, der Christdemokratische Appell (CDA), pflegte eine nationalistische und gegen Zuwanderung gerichtete Rhetorik. Im neuen niederländischen Parlament sind Abgeordnete, die extrem und gemäßigt populistischen Parteien angehören, deutlich in der Mehrheit. Die sozialdemokratische Partei der Arbeit, die über weite Teile der letzten dreißig Jahren an der Regierung beteiligt war, ist nahezu völlig aus dem Parlament verschwunden: Sie hat derzeit nur neun Abgeordnete, dagegen hatte sie 2012 noch 38 Sitze, 1998 45 Sitze und 1989 49 Sitze. Ein ähnlicher Niedergang der liberalen Linken vollzieht sich gegenwärtig in vielen europäischen Ländern. Das auffallendste Beispiel ist Polen, wo kein einziger Linksliberaler bei den Wahlen 2015 einen Sitz im Parlament erringen konnte.

Traditionelle Parteien, besonders rechte, betreiben nicht nur illiberale Rhetorik und Politik, sondern gehen auch politische Bündnisse mit jenen ein, die sie als Populisten bezeichnen. So war es 2000 in Österreich, als die Österreichische Volkspartei (ÖVP) mit Jörg Haiders Freiheitlicher Partei Österreichs (FPÖ) eine Regierung bildete. Silvio Berlusconi regierte in Italien mithilfe der Lega Nord und die Finnenpartei ging nach den Wahlen 2015 eine Regierungskoalition mit zwei Parteien der Mitte ein. Diese Koalitionen zwischen weichen und harten »Populisten« haben nicht zum Untergang der Letzteren geführt, sondern die Unterschiede zwischen beiden verwischt. Im Laufe der Zeit wurden aus manchen weichen Populisten harte. Einschlägige Beispiele sind die PiS-Partei in Polen und die Fidesz-Partei in Ungarn. Die italienische Lega Nord hat sich von einer weichen populistisch-separatistischen Bewegung in eine regelrechte populistische Bewegung nach dem Vorbild des französischen Front National verwandelt. Dennoch verläuft die Hauptkonfliktlinie und der wesentliche Wettstreit im heutigen Europa nicht zwischen weichen und harten Populisten, sondern zwischen den Siegern der Zeit nach der Revolution von 1989 und jenen, die sie stürzen und das Post-1989-System abschaffen wollen. Diese mögen durchaus »Populisten«, Neonationalisten oder Postmarxisten sein und taktische Allianzen schmieden, aber in erster Linie sind sie alle Konterrevolutionäre mit einer Mission.

Das gilt vermutlich auch für Jeremy Corbyn, der vom liberalen Flügel der Labour Party die Führung mit einem Programm übernommen hat, das an die Ära vor 1989 oder sogar vor 1968 erinnert. Corbyn hat erhebliche Mängel der liberalen Revolution aufgedeckt, ohne einige der liberalen Grundprinzipien infrage zu stellen. Tories und Blair-Anhänger bezeichnen Corbyn als Populisten, aber seine Ansichten zu Migration, Minderheitenrechten, parlamentarischer Demokratie und Auslandsintervention sind weniger populistisch als die seiner Kritiker. Sein Programm mag für eine moderne transnationale Wirtschaft ungeeignet sein, aber sein Fokus auf Ungleichheiten, Arbeiterrechte und das raubgierige Verhalten der Finanzwelt lässt sich kaum als illiberal bezeichnen. Man kann sogar vertreten, Corbyn habe traditionellen liberalen Parteien den Ausweg aus der verfahrenen gegenwärtigen Lage aufgezeigt. Allerdings sollte ich sofort hinzufügen, dass Corbyn sich selbst nicht als liberal bezeichnet und keine liberale Renaissance anstrebt. In diesem Sinne ist er ein Konterrevolutionär, wenn auch von einer besonderen Art.

Prioritäten erkennen

Die bestehende Ordnung zu zerstören, ist eine Sache, eine neue zu schaffen eine andere. Gegenwärtige konterrevolutionäre Kräfte wissen besser, wogegen sie sind als wofür. Einzelheiten ihrer aktuellen Agenda bilden kein stimmiges Ganzes und bleiben recht vage. Experten, die Parteiprogramme konterrevolutionärer Bewegungen untersuchten, kamen zu dem Schluss, dass sie zu politischen Alltagsfragen viel Spielraum für Aussagen lassen, die nicht unbedingt mit der Mainstream-Parteilinie übereinstimmen müssen.[20] Zudem hat jede konterrevolutionäre Bewegung ihre eigenen lokalen Prioritäten, die sich in einem größeren europäischen Kontext nur schwer auf eine Linie bringen lassen würden. So arbeitet Marine Le Pen eng mit Geert Wilders zusammen, nicht aber mit Jarosław Kaczyński, Nigel Farage oder Alexis Tsipras.

Entscheidender ist, dass die Bilanz konterrevolutionärer Kräfte in Regierungsverantwortung, gelinde gesagt, beunruhigend ist. In Polen mag es den Mitte-rechts-Liberalen der Bürgerplattform (PO) zwar nicht gelungen sein, die staatlichen Medien von politischer Einmischung zu befreien, aber die konterrevolutionäre PiS-Partei hat diese Medien in ein Propagandainstrument ihres fundamentalistischen Flügels verwandelt. Die konterrevolutionäre griechische Syriza-Partei hat versprochen, die Übel der Vergangenheit zu korrigieren, hat aber stattdessen ein Gesetz der Medienlizensierung durchzubringen versucht, das ihre politischen Weggefährten belohnt hätte. Diesen Versuch hat das griechische Verfassungsgericht gestoppt, was in Polen nicht passieren konnte, da die PiS-Partei dort das Verfassungsgericht ausgeschaltet hat, sobald sie an der Macht war. Sowohl die PiS in Polen als auch Syriza in Griechenland haben versucht, sämtliche wichtigen (und unwichtigen) Posten im öffentlichen Dienst mit ihren politischen Verbündeten zu besetzen. Beide haben sich um die Kontrolle über Staatsunternehmen und sogar Privatbanken bemüht, allerdings ohne Anzeichen einer Abkehr von der neoliberalen Politik. Sowohl PiS als auch Syriza haben zunehmend eine nationalistische Agenda verfolgt, die Europa die Schuld für all ihre eigenen Mängel zuschiebt.

Auch in anderen Ländern verhielten sich die Konterrevolutionäre nicht besser. Die italienische Fünf-Sterne-Bewegung gewann 2015 die Kommunalwahlen in Rom, aber die ersten Monate ihrer Legislaturperiode waren selbst nach den armseligen »römischen« Maßstäben von erstaunlichem Chaos und Inkompetenz geprägt. Vor allem aber gibt es die lange, beunruhigende und stetig wachsende Liste autokratischer Maßnahmen der ungarischen Fidesz-Partei. US-Senator John McCain bezeichnete ihren berühmt-berüchtigten Parteichef sogar als »neofaschistischen Diktator«.[21]

All diese und andere Mängel konterrevolutionärer Parteien sollten die etablierten Parteien jedoch nicht selbstgefällig machen. Kaum etwas deutet darauf hin, dass die »liberale« Politik der letzten zwei oder drei Jahrzehnte bei europäischen Wählern wieder in Mode käme. Wenn die etablierten Parteien sich an der Macht halten können, so liegt es daran, dass sie zunehmend illiberale Rhetorik und Politik übernommen haben.[22] Es stimmt zwar, dass Alexander van der Bellen die österreichische Präsidentschaftswahl 2016 gewann, ohne die liberale Agenda zu verwässern, aber seine kompromisslose Haltung war ungewöhnlich und sein Sieg knapp und hart umkämpft. Man sollte sich auch fragen: Wie konnte Norbert Hofer, ein Politiker mit rechtsextremem Hintergrund, dem Präsidentenamt in einem der reichsten und stabilsten Länder Europas so nahekommen? Die konterrevolutionären Kräfte sind weit davon entfernt, den gesamten Kontinent zu erobern, aber sie sind imstande, den öffentlichen Diskurs zu prägen und die etablierten Parteien in einen hektischen Rückzug zu drängen. Der Grund ist nicht etwa, dass die Rebellen ein inspirierendes Programm und charismatische Führungspersönlichkeiten hätten, sondern hauptsächlich, dass die Liberalen sich so schlecht schlagen.

Haben die Liberalen den roten Faden verloren oder bin ich befangen? Vielleicht bin ich zu hart mit den Liberalen und zu nachsichtig mit den konterrevolutionären Kräften. Ich bin wie du, Ralf, ein überzeugter Liberaler und zutiefst besorgt über den Aufstieg illiberaler Politik. Als »Kind« der liberalen Revolution von 1989 möchte ich nicht erleben, dass bürgerliche Freiheiten wieder eingeschränkt werden, der Rechtsstaat abgebaut, die Medienfreiheit stranguliert wird und quer durch den Kontinent wieder Mauern errichtet werden. Gleichwohl habe ich kein Interesse an einer Nostalgie nach der verlorenen Ära liberaler Herrlichkeit. Die Verfechter der liberalen Erfolgspropaganda sollten sich eine simple Frage stellen: Wenn die vergangenen drei Jahrzehnte liberaler Herrschaft eine derart großartige Leistung waren, warum haben dann so viele angefangen, Liberale zu hassen?

Wir müssen begreifen, was Liberalismus ist und was nicht. Wir müssen uns entscheiden, welche Strömungen des Liberalismus wir ablehnen und welche wir unterstützen wollen. Denn in den vergangenen drei Jahrzehnten war der Liberalismus eine Ideologie der Macht und der Ermächtigung: Alles war gewissermaßen liberal; liberale Prinzipien infrage zu stellen, war ungewöhnlich; selbst ehemalige Kommunisten sprangen zusammen mit gewöhnlichen Opportunisten, die ihre Karriere zu fördern hofften, auf den liberalen Zug auf. Nach meinem Gefühl habe ich mit diesen liberalen Mitläufern wenig gemeinsam. Ich möchte verstehen, was wir besser hätten machen können, und habe nicht die Absicht, unsere

Fehler zu kaschieren. Erst nach ernsthafter Selbstreflexion werden wir entscheiden können, ob es sich lohnt, für den Liberalismus zu kämpfen. Da gilt Sokrates' berühmter Imperativ: »Erkenne dich selbst.«

Ich habe erhebliche Probleme mit Liberalen, die »Populisten« tadeln und sich dann ähnlich verhalten. Ich halte nichts von Liberalen, die von noblen öffentlichen Plänen zu Hinterzimmermauscheleien wechseln. Du magst sagen, ich habe ein naives Verständnis von Politik. Erfordert Alltagspolitik nicht Kompromisse? Ist es nicht besser, ein kleineres Übel zu unterstützen? Meine normative Antwort ist ebenso simpel wie die pragmatische. Weiche Formen des »Populismus« gehören nicht zum liberalen Repertoire, wie immer man es auch definiert, und sie haben sich in der politischen Praxis als selbstzerstörerisch erwiesen. Das heißt keineswegs, dass es nur ein unverhandelbares Dogma gäbe, das wir stolz Liberalismus nennen könnten. Es bedeutet auch nicht, dass alle Varietäten der Liberalismus es wert wären, dafür zu kämpfen. Vielmehr heißt es lediglich, dass ein Eindreschen auf die konterrevolutionären Kräfte allein wahrscheinlich nicht zu einer liberalen Renaissance führen wird. Wenn die konterrevolutionären Kräfte so erfolgreich sind, weil die Liberalen ihre Sache so schlecht machen, müssen wir zuerst die Mängel der Liberalen beheben. In diesem Brief geht es deshalb darum, den Liberalismus zu kurieren oder neu zu erfinden.

Karl Popper, einer der führenden liberalen Denker, machte 1963 zwei entgegengesetzte Haltungen im Bereich der Politik aus:

> Die Erste ist die des Politikers, der denkt, alles, was er tue, sei gut und keines unserer Probleme gehe auf seine Fehler zurück, sondern auf unausweichliche Missgeschicke oder auf Verschwörungen seiner Gegner, die schlechte Menschen seien. Die entgegengesetzte Haltung ist die jenes Menschen, der im Bewusstsein seiner Fehlbarkeit

> weiß, dass er irren kann; der ständig Ausschau nach seinen eigenen Fehlern hält, weil er weiß, dass dies der einzige Weg ist, aus Erfahrung zu lernen und von ihr zu profitieren; und der hofft, seine Gegner werden ihm durch ihre Kritik helfen, seine Fehler zu entdecken [*sic*].[23]

Popper fand die zweite Haltung für Liberale wie ihn angemessener. Ich folge in diesem Brief seinem Diktum.

Kapitel 2

Warum sie Liberale hassen

Für Liberale wie dich und mich, Ralf, ist es verlockend, zu glauben, der Liberalismus sei eine Kraft zum Guten und böse Konterrevolutionäre wollten sie vernichten. Wie alle Menschen machen wir Fehler und schaffen es zuweilen nicht, unseren Idealen gerecht zu werden. Aber der Vergleich zwischen uns und unseren antiliberalen Gegnern scheint kristallklar: Wir sind rational, sie sind unvernünftig, wenn nicht gar verrückt; wir sagen die Wahrheit, sie erzählen Lügen; wir bieten Fortschritt, sie Zerstörung; wir sind aufgeschlossen, sie intolerant; wir fördern Freiheit, sie streben nach Macht; wir glauben an Gesetze und Institutionen, sie versuchen sich ihrer zu entledigen. Wenn Menschen die Konterrevolution unterstützen, wurden sie entweder einer Gehirnwäsche unterzogen oder sie müssen verrückt sein.

Ich fürchte allerdings, dass diese Beschreibung zu einseitig ist. Als Intellektuelle sollten wir kein manichäisches Schwarz-Weiß-Denken pflegen. Als Demokraten sollten wir uns nicht über Wählerentscheidungen lustig machen. Als Aktivisten sollten wir uns nicht vormachen, die Menschen würden schlagartig »aufwachen« und sich wieder hinter uns sammeln. Wähler hatten legitime Gründe, sich von liberalen Politikern und ihren Parteien abzuwenden. Aber unsere liberalen Freunde sind eifriger damit beschäftigt, mit dem Finger auf andere zu zeigen, statt ihre eigenen Fehler und Defizite einzugestehen. Haben Liberale ihre Ideale verraten und, wenn ja, welche und wie? Handelt es sich bei den Defiziten des Liberalismus um versehentliche Fehler oder um strukturelle Schwachstellen der liberalen Lehre? Vielleicht haben sich manche der liberalen Prinzipien als nicht praktikabel oder sogar als irrig erwiesen. Vielleicht sind Elitedenken, Ungleichheit, dysfunktionale Parlamente und europäische Institutionen und sogar Hedonismus und Gier Produkte des Liberalismus. Vielleicht hat der Liberalismus eine naive Vorstellung von menschlichen Veranlagungen und Machtpolitik. Wenn einiges davon zutrifft, sollten wir uns entschuldigen, dass wir die Wähler getäuscht haben. Vielleicht sollten wir den Liberalismus ganz aufgeben oder zumindest Teile davon.

Diese negative Darstellung ist wahrscheinlich zu hart, doch die Antworten auf die genannten Fragen werden wir erst nach einer ernsthaften, selbstkritischen Analyse, wenn nicht gar Gewissenserforschung erfahren. Unsere Schlussfolgerungen werden vermutlich nicht eindeutig sein. Als einen Grund nennt Michael Freeden: »Liberalismus liefert eine von zahlreichen verfügbaren Landkarten für Menschen, die durch ihre soziale und politische Umgebung zu navigieren versuchen.«[1] Sozialismus und Konservatismus bieten konkurrierende Karten, die sich allerdings nicht gegenseitig ausschließen. Karl Poppers Eintreten für ein »stückweises« statt für ein »holistisches Social Engineering« würden wohl die meisten konservativen Politiker oder Bürger unterschreiben. Dagegen dürften die meisten Liberalen das sozialistische Streben nach Fortschritt und sozialer Gerechtigkeit unterstützen. Leszek Kołakowski schlug sogar eine Ménage-à-trois vor: den konservativ-liberalen Sozialismus.[2]

Das führt zu einer weiteren Komplikation: Liberalismus ist kein kohärentes Phänomen, wie es von seinen gegenwärtigen Kritikern dargestellt und dämonisiert wird. »Liberalismus ist eine große Kirche« mit einer langen »Inventarliste ›liberaler‹ Gebote«, um Martin Krygier zu zitieren.[3] Auch Krygier spricht vom Liberalismus mit Adjektiven.[4] Konservative Liberale haben mit sozialdemokratischen wenig gemeinsam; klassische Liberale werfen Neoliberalen vor, sie hätten den Begriff »Liberale« für eine äußerst enge und weitgehend konservativ-kapitalistische Lehre usurpiert. Sowohl Friedrich Hayek als auch Karl Popper kann man als Inbegriff liberaler Denker sehen, aber ihre jeweiligen Ansichten sind im Grunde gegensätzlich, wie du, Ralf, zu Recht angemerkt hast.[5]

Kurz: Wenn wir über Erfolge und Fehlschläge des Liberalismus sprechen, müssen wir spezifizieren, welchen Liberalismus wir meinen. Außerdem sollten wir zwischen Liberalismus an der Regierung und Liberalismus in der Gesellschaft unterscheiden. Institutioneller Liberalismus und liberale Ideologie oder liberale kulturelle Werte sind keineswegs dasselbe. Zudem ist auch die Unterscheidung zwischen Liberalismus als historischer Möglichkeit und als wiederkehrendem Denkmuster zutreffend. Die politische Landkarte des Liberalismus ist sogar noch komplizierter. In den Niederlanden stimmten manche Liberale durchgängig gegen die konservativ-liberale Volkspartei für Freiheit und Demokratie (VVD) und für die Grünen. Sie sollte man nicht für die »liberale« VVD-Herrschaft in den vergangenen Jahren verantwortlich machen.

Aber wir wollen nicht nur nachweisen, dass Kritiker unrecht haben, sondern auch sehen, ob liberale Ideale mit gesellschaftlichen und technologischen Veränderungen fertig werden. Ist der Liberalismus geeignet für das digitale Zeitalter, die globale Wirtschaft und den Klimawandel? Kann der Liberalismus in einer Ära der Postwahrheit überleben? Kann Vernunft über Nostalgie und Emotionen siegen? Ist Aufklärung nicht ein Ammenmärchen?

Der Liberalismus hatte nie den Anspruch, den Weg nach Utopia zu kennen. Dennoch hatte er den Ehrgeiz, eine praktische Anleitung zur Konfliktlösung anzubieten, Entwicklung zu fördern, Innovation hervorzubringen und Freiheit und soziale Gerechtigkeit zu sichern. Wir müssen herausfinden, ob dieses ehrgeizige Ziel im Europa des 21. Jahrhunderts immer noch erreichbar ist. Unser historisches Wissen legt den Schluss nahe, dass keine Theorie und keine Praxis zeitlos und gegen politische Turbulenzen immun ist. Warum sollte es dem Liberalismus besser ergehen, zumal ohne erhebliche Anpassungen?

Machtideologie

Das Wort »liberal« erlangte erstmals im frühen 19. Jahrhundert in Spanien politische Bedeutung und erlebte seitdem viele verschiedene Inkarnationen. Jede von ihnen legte den Schwerpunkt auf andere Werte und Praktiken, aber die liberalen Grundprinzipien sind recht eindeutig und werden von der Mehrheit der heutigen Europäer nicht bestritten. Die meisten Europäer glauben an persönliche Sicherheit, menschliche Unabhängigkeit und individuelle Freiheit. Sie unterstützen die Demokratie und den Rechtsstaat. Sie wollen, dass die Justiz unparteiisch und die Demokratie gerecht, tolerant, inklusiv, zurückhaltend und selbstkritisch ist. Sicher, man hat Liberalen immer schon überzogenen Individualismus, Wurzellosigkeit, Laxheit, Materialismus und Kosmopolitismus vorgeworfen, aber diese normative Kritik hat nicht verhindert, dass sie sich in den achtziger und neunziger Jahren wachsender Popularität erfreuten, und kann auch ihre gegenwärtige Unbeliebtheit bei Wählern nicht erklären. Als häufigste Erklärung für die aktuelle Misere der Liberalen wird deren neoliberale Wende angeführt: Der Neoliberalismus habe den klassischen Liberalismus gekapert und pervertiert, heißt es. Der wohl prominenteste Vertreter dieser Position ist George Soros, aber aus deinen früheren Schriften entnehme ich, lieber Ralf, dass du dich seiner Analyse anschließen würdest. Soros, selbst ein erfolgreicher Finanzjongleur, schrieb:

> Der Hauptfeind der offenen Gesellschaft ist nicht länger die kommunistische, sondern die kapitalistische Bedrohung [...]. Die Doktrin des Laissez-faire-Kapitalismus vertritt, dem Gemeinwohl sei durch das ungehemmte Verfolgen des Eigeninteresses am besten gedient. Wenn unser gegenwärtiges System – das, so unvollkommen es auch sein mag, als offene Gesellschaft durchgeht – nicht durch die Anerkennung eines Gemeinwohls gezügelt wird, das Vorrang vor Partikularinteressen haben sollte, wird es zusammenbrechen [...]. Zu viel Wettbewerb und zu wenig Kooperation können unerträgliche Ungleichheit und Instabilität verursachen.[6]

Die Frage lautet: Warum war der Neoliberalismus imstande, sich gegen andere, sozialere Strömungen des Liberalismus durchzusetzen? Früher glaubten Mainstream-Liberale wie du, Ralf, an die Sorge für Wohlfahrt und soziale Gerechtigkeit. Sie betonten den positiven Aspekt der Freiheit (etwas zu tun) und nicht nur den negativen (der Freiheit von etwas). Sie forderten staatliche Intervention im Namen jener, die auf unterschiedliche Art und Weise der Freiheit und Würde beraubt waren, statt im Namen der wenigen Reichen. Was ist aus dieser egalitären Strömung geworden? Ist der Liberalismus von gierigen Bankern gekapert worden oder war er ein idealer Nährboden für Zügellosigkeit?

Das Letztere glauben Marxisten, die immer der Ansicht waren, der Liberalismus mit »menschlichem Antlitz« sei lediglich ein Vorwand für das kapitalistische Ausbeutersystem.[7] Sie behaupten, die soziale Marktwirtschaft, von der du, Ralf, so angetan warst, sei ein Versuch, den Kapitalismus vor der Selbstzerstörung zu bewahren. Laut Marxisten haben die neoliberalen Exzesse zumindest den wahren Charakter des Systems offenbart: »Der Kaiser ist nackt.«

Diese Analyse ist zu grob und konspirativ. Tatsächlich zitieren nicht einmal mehr ehemalige Marxisten in konterrevolutionären Bewegungen wie Podemos oder Syriza ihre ideologischen Lehrmeister. Dennoch lässt sich schwer leugnen, dass die neoliberale Ökonomie Gewinner und Verlierer hervorgebracht hat; die Gewinner sind eine winzige Minderheit und ihre Haupteinnahmequelle sind Renditen ihrer enormen Vermögen. Thomas Piketty argumentierte überzeugend:

> Durch die Fortschritte und die Ausbreitung des Wissens konnte die marxistische apokalyptische Vision zwar vermieden werden, aber dadurch hat sich an den Tiefenstrukturen des Kapitals und den Ungleichheiten nichts geändert [...] Wenn die Kapitalrendite dauerhaft höher ist als die Wachstumsrate von Produktion und Einkommen, was bis zum 19. Jahrhundert der Fall war und im 21. Jahrhundert wieder zur Regel zu werden droht, erzeugt der Kapitalismus automatisch inakzeptable und willkürliche Ungleichheiten, die das Leistungsprinzip, auf dem unsere demokratischen Gesellschaften basieren, radikal infragestellen.[8]

Die vorige Generation Liberaler hatte mit Ungleichheit keine Schwierigkeiten; für sie war Armut und Abhängigkeit ein drängenderes soziales Problem. Sie wusste, dass wirtschaftlicher Wettbewerb Ungleichheit erzeugte, war aber überzeugt, dass der Wettbewerb genügend Wohlstand schaffen würde, um Wohlergehen und persönliche Sicherheit sämtlicher Gesellschaftsschichten, auch der unteren, zu mehren. Heute wissen wir, dass diese Annahme, gelinde gesagt, zu optimistisch war.

Es ist allzu einfach, Neoliberalen vorzuwerfen, sie hätten das liberale Projekt gekapert, aber ich fürchte, das wird liberale Politiker in den Augen ihrer Wähler nicht entlasten. Auch die Kommunisten in Osteuropa behaupteten, der von so unzulänglichen Vertretern wie Breschnew pervertierte Parteiapparat habe den Marxismus gekapert. Weder Marx noch Engels hätten dafür plädiert, in Afghanistan einzumarschieren, Arbeiter jeder echten Vertretung zu berauben, grassierende Ungleichheiten zu dulden. Gorbatschow versuchte, einen Kommunismus mit »menschlichem Antlitz« einzuführen; er war jedoch nicht bestrebt, das kommunistische System zu zerstören. Aber seine Bemühungen um eine Reform des Kommunismus erwiesen sich als vergeblich, wenn nicht gar als kontraproduktiv. In ganz Mittel- und Osteuropa hatten die Menschen genug von dem Regime, das seine Grundprinzipien systematisch verriet. Heutzutage mögen manche älteren Marxisten ein Déjà-vu-Erlebnis haben.

Die zweite Lehre aus den osteuropäischen Erfahrungen besagt, dass es bei Revolutionen und Konterrevolutionen nicht nur um Ökonomie, sondern auch um Regimewechsel geht. Wie du, Ralf, argumentiert hast, ging es bei der Revolution 1989 um Demokratie, Sicherheit, Europa, Grenzen und Kultur, nicht nur um Brot und Butter. Die Menschen wollten von Politikern anderer Art regiert werden. Sie wehrten sich gegen die Machtideologie, die behauptete, auf alle diese wichtigen Fragen die »richtigen« Antworten zu haben. Ich fürchte, gegenwärtig ist die Lage ganz ähnlich. Seit 1989 ist der Liberalismus nicht nur eine weithin genutzte Landkarte, an der sich Einzelne, Regierungen und Gesellschaften orientieren, sondern er ist auch zu einer offiziellen Regierungskarte geworden, diktiert von der liberalen Machtelite in ganz Europa. Anders ausgedrückt: Der Liberalismus ist zu einer umfassenden Machtideologie geworden, zu einem Satz von Werten, einer Regierungsweise und einem kulturellen Ethos. Heutzutage rebellieren die Aufständischen in ganz Europa gegen das gesamte liberale System. Sie unterscheiden nicht zwischen guten und schlechten (oder zufälligen) Liberalen, zwischen echten und falschen liberalen Idealen, zwischen vertrauten und fremden kulturellen Mustern. Sie wollen das gesamte liberale Paket loswerden. Unterschiedliche liberale Politiker der linken wie der rechten Mitte werden geschmäht. Eine üble Kampagne richtet sich nicht nur gegen neoliberale Ökonomie, sondern auch gegen den liberalen demokratischen Konstitutionalismus, gegen die liberale Vorstellung von offenen Grenzen, gegen Direktiven aus Brüssel, sogar gegen Manifestationen der liberalen Kultur. Feminismus, Multikulturalismus, Schwangerschaftsabbrüche, Homosexuellenrechte und Umweltschutz geraten unter konterrevolutionären Beschuss. Polens Außenminister von der konterrevolutionären PiS, Witold Waszczykowski, mokierte sich sogar öffentlich über »eine Welt aus Radfahrern und Vegetariern, die nur noch auf erneuerbare Energien setzen und gegen jede Form der Religion kämpfen«.[9]

Der Vergleich mit 1989 hat allerdings seine Grenzen. Damals wollten die Menschen den Liberalismus westlicher Prägung übernehmen, der anscheinend menschlicher und erfolgreicher war, als es heute der Fall ist. Demokratische und wirtschaftliche Experimente gab es nur wenige und sie wurden bald aufgegeben. Imitation lautete die Spielregel und sei es auch nur, weil die Aufnahme in die EU die Übernahme von zwanzigtausend in Brüssel ausgeheckten Gesetzen und Regulierungen verlangte. Gegenwärtig ist nicht klar, was Konterrevolutionäre auf den Überresten der liberalen internationalen Ordnung aufbauen wollen. Eine attraktive Alternative, die es anzustreben gälte, ist nicht in Sicht. Politische Rezepte der Aufständischen sind uneinheitlich und variieren stark voneinander. Putins Russland oder Xis China mögen manchen der Konterrevolutionäre durchaus finanzielle Unterstützung anbieten, aber sie können mit keinem Regierungsmodell aufwarten, das ansprechend genug und zur Nachahmung geeignet wäre. Zudem können sie die Begriffe Legitimität, Effizienz und Gerechtigkeit nicht definieren. Kurz: Ihnen fehlt die ideologische Kraft, die der Liberalismus besaß.

Diese ideologische Kraft war indes ein zweifelhafter Segen für den Liberalismus. Er ist nicht mehr die Ideologie der vom Staat Unterdrückten, sondern eine Ideologie des Staates, der von den Mitte-links- und Mitte-rechts-Parteien regiert wird. Er verteidigt nicht Minderheiten gegen Mehrheiten, sondern lässt Minderheiten – Berufspolitiker, Journalisten, Banker und Jetset-Experten – den Mehrheiten sagen, was für sie am besten ist. Indem Liberale immer mehr Machtbefugnisse auf Institutionen übertragen, die nicht von Mehrheitsentscheidungen abhängen, haben sie die Wähler effektiv eines Mitspracherechts in der Politik beraubt. Durch Privatisierung und Deregulierung des Wirtschaftssektors haben Liberale verhindert, dass die Wähler die Ausrichtung der Wirtschaftspolitik verändern. Zudem haben Liberale ihr atomistisches Gesellschaftsmodell, ihre Geschichtsdeutung, ihre Lieblingsfilme und sogar ihre Essgewohnheiten verbreitet, manche würden sogar sagen »verordnet«. Es wäre falsch, zu behaupten, all dies sei auf die Wirkung von Handelsbeziehungen und Profitstreben zurückzuführen. Ab 1989 war der Liberalismus eine umfassende »Bibel« für das, was in einer Gesellschaft gut oder schlecht ist, nicht nur ein Handbuch für das Geldverdienen. Liberalismus definiert eine Vorstellung, was rational und richtig ist. Wie alle wirkmächtigen Ideologien ist der Liberalismus imstande, den Begriff der Normalität zu definieren. Die konterrevolutionären Politiker wenden sich nicht nur gegen einzelne liberale politische Vorstellungen, sondern lehnen die gesamte liberale Denkweise ab. Sie versuchen, eine neue Normalität einzuführen. Sie versuchen, liberale Wahrheiten zurückzuweisen.

Postwahrheit

Heutzutage ist der liberale Lieblingsbegriff, um konterrevolutionäre Kräfte verächtlich zu machen, Postwahrheit. Man beschuldigt »Populisten«, Fakten zu verdrehen, Statistiken zu manipulieren und zu lügen, und wirft ihnen vor, sie spielten mit Vorurteilen, Stimmungen und Gefühlen der Wähler und ignorierten offenkundige Wahrheiten und Fakten.

Die Kritik Liberaler ist gerechtfertigt; konterrevolutionäre Politiker sind tatsächlich Meister darin, Postwahrheiten zu vertreten. Aber für die Buhrufe der Liberalen gelten zwei Einschränkungen. Zum einen lässt sich die aufkommende Ära der Postwahrheit schwerlich als Hauptgrund für die Stimmenverluste der Liberalen bei den Wahlen sehen und zum anderen haben die Liberalen selbst einen beträchtlichen Beitrag zur Verbreitung von Fehlinformationen, geschönten Fakten, politischen Schmähungen und Fake News geleistet. Tony Judt erfasste die Atmosphäre in liberalen Kreisen vor einigen Jahren sehr gut: »[J]eder lügt doch, heißt es dann. Die Frage ist nur – lügt er für dich oder für mich?«[10]

Bei der Postwahrheit geht es nicht ums Lügen, das so alt ist wie die menschliche Kommunikation. Es geht auch nicht um Dogmatismus, Selbstbewusstsein und Arroganz. Politiker tendieren wie Theologen dazu, »die einzig richtige Sicht« der meisten Dinge für sich zu beanspruchen. Aber offensichtlich können sie nicht alle recht haben. Die Oxford Dictionaries definieren Postwahrheit als »bezogen auf oder Bezeichnung für Umstände, in denen objektive Fakten die öffentliche Meinung weniger beeinflussen als Apelle an Gefühle und persönliche Überzeugungen«.[11]

Das Wort »Postwahrheit« lässt sich bis in das Jahr 1992 zurückverfolgen, aber ich kann mich nicht erinnern, dass du, Ralf, es je verwendet hättest. Vermutlich liegt das daran, dass du Modeworte nicht mochtest, aber auch daran, dass Europa in der Zeit, in der deine wichtigsten Schriften entstanden sind, noch etwas anders war. Tatsächlich hat der Gebrauch des Wortes »Postwahrheit« erst in den letzten zwei bis drei Jahren dramatisch zugenommen: 2016 um zweitausend Prozent gegenüber 2015.[12] Aber die Ursachen des Problems sind bereits zwei bis drei Jahrzehnte alt und fallen somit in die triumphale liberale Ära. Manche der Ursachen hängen mit der digitalen (technologischen) Revolution zusammen, während andere mit der postmodernen (kulturellen) Revolution zu tun haben.

Die immer bessere Verfügbarkeit statistischer Daten, die Komplexität menschlicher Transaktionen, die Pluralität der Meinungen und die ausgereiften Kommunikationskanäle sind bekannte Folgen dieser Revolutionen. Im Gegensatz zu Konservativen und Kommunisten fühlen Liberale sich in dieser neuen Umgebung wohl: Sie haben Pluralismus, freie Meinungsäußerung und Wahlfreiheit schon immer geschätzt und simple Wahrheiten und Dogmen abgelehnt. Für die meisten von ihnen gibt es nicht nur eine Wahrheit, sondern viele Wahrheiten, je nach Kontext und Interpretation. Liberale haben Probleme mit allen, die behaupten, ein Monopol auf Objektivität und Unvoreingenommenheit zu besitzen. Für sie lässt sich die Vorstellung, was richtig und gerecht ist, bestenfalls durch demokratische Verhandlungen nach bestimmten Verfahren feststellen, aber nicht, indem man die Bibel oder *Das Kapital* liest. Ihrer Ansicht nach erwächst die beste Wissenschaft aus der Infragestellung der etablierten Wahrheiten und orthodoxen Lehren. Das alles ist für dich, Ralf, und für mich in Ordnung, ebnet aber der Postwahrheit den Weg: Wenn es nicht mehr die eine Wahrheit gibt, woher wissen wir dann, ob unsere Wahrheiten besser sind als die unserer politischen Gegner? Werden sich nicht die Wahrheiten durchsetzen, die eine bessere PR und Meinungsmache haben? Werden nicht diejenigen, die über Beziehungen und Geld verfügen, versuchen, uns allen ihre eigene Wahrheit aufzunötigen?

Das mag nach abstrakten philosophischen Fragen klingen, aber sie wurden von politischen und wirtschaftlichen Unternehmern recht pragmatisch und zuweilen skrupellos angegangen. In den letzten Jahren erlebten wir eine Vervielfachung von Institutionen, die statistische Daten sammeln, und die Entstehung einer »Faktenindustrie«.[13] Solche »Unternehmer« sind in der Lage, ihre »wissenschaftlichen« Ergebnisse mithilfe von Smartphones und Laptops direkt an die Massen zu verkaufen. Auf Facebook, Twitter oder WhatsApp kann jeder ein Provider von Fakten und Wahrheiten sein, allerdings erfordert der Wettbewerb raffiniertes Marketinggeschick, umfangreiche PR und effektive Meinungsmache. Jeder Lieferant neuer »Belege« muss seine Wahrheiten von denen anderer abgrenzen. Meist zahlt es sich aus, dabei unverschämt statt lediglich objektiv oder wahrheitsgemäß vorzugehen. Mittlerweile gibt es Webseiten, die »Fake News« generieren, und andere, die versuchen, ihnen wahre Wahrheiten entgegenzusetzen, sogenannte Factcheckingseiten. Die meisten dieser gegensätzlichen Webseiten behaupten, »wissenschaftliche« Belege zu verwenden.

»Konsumenten« zahlreicher konkurrierender und häufig kontrastierender Fakten und Wahrheiten sind zunehmend verwirrt, misstrauisch und voreingenommen. Sie neigen dazu, Cluster Gleichgesinnter zu bilden, und trauen nur Fakten, die ihre persönlichen Ansichten oder Gefühle bestätigen. Die Technologie verstärkt eine solche Parteilichkeit. Facebooks Algorithmen sind so angelegt, dass sie ihre Newsfeeds mit Inhalten ähnlich jenem Material füttern, die deren Nutzer zuvor »geliked« oder geteilt haben. Dank einer solchen »Filterblase« bekommen fremdenfeindliche Nutzer höchstwahrscheinlich rassistische Einträge zu sehen und glauben vermutlich, ihre Ansichten seien populär, wenn nicht gar legitim.

Liberale, die in den letzten zwei bis drei Jahrzehnten die meisten Regierungen Europas gestellt haben, haben wenig unternommen, um diesen Trend aufzuhalten. Schlimmer noch: Regelmäßig haben sie Chancen genutzt, die sich durch das Kommunikationschaos boten, und haben manchmal sogar Mediendekadenz bewusst gefördert. »Evidenzbasierte« Argumentationen werden von Liberalen notorisch benutzt und missbraucht, um Regierungsprogramme und politische Maßnahmen zu rechtfertigen. Liberale Politiker vertrauen stark auf PR-Agenturen und Spindoktoren. Unbequeme Fakten werden entweder aus dem politischen Diskurs entfernt oder von »wissenschaftlichen« Beratern, die von der Regierung bezahlt werden, in Misskredit gebracht. Die markantesten britischen

Beispiele betreffen die »Beweise« für Massenvernichtungswaffen im Irak und die statistischen Brexit-Prognosen, die »15 Milliarden an Steuererhöhungen, Erhöhung der Abgaben auf Treibstoff und Alkohol und 15 Milliarden an Einsparungen in Gesundheits-, Bildungs- und Verteidigungswesen« für den Fall vorhersagten, dass Großbritannien die EU verließe.[14] In Italien beschäftigte die Regierung zahlreiche »wissenschaftliche« Experten, die argumentierten, beim Verfassungsreferendum 2016 mit »Nein« zu stimmen, werde eine sofortige wirtschaftliche Katastrophe auslösen, und in Polen brachte die Regierung Umweltschützer effektiv zum Schweigen, um ihre großzügige Politik gegenüber der Bergbauindustrie zu schützen. Auch in anderen Ländern gibt es eine Fülle solcher Beispiele. Kein Wunder, dass die konterrevolutionären Politiker sich eine ähnliche Taktik zugelegt und sich oftmals als geschickter darin erwiesen haben, erfundene Beweise aufzutischen, um ihre eigenen parteiischen, wenn nicht gar haarsträubenden Positionen zu untermauern. Raubtiere fühlen sich im Dschungel wohl!

Nicht nur liberale Politiker, sondern auch liberale Intellektuelle haben zur Verbreitung von Postwahrheit beigetragen. Dabei denke ich nicht an jene »postmodernen« Sozialwissenschaftler, die auf personalisierten, relativierten, subjektiven und fließenden Wahrheiten bestehen, sondern an jene Intellektuellen, die absichtlich ein einseitiges Bild der komplexen gesellschaftlichen und ökonomischen Realität präsentieren. Könntest du, Ralf, erklären, warum unsere liberalen Kollegen zahlreiche Theorien zur europäischen Integration entwickelt haben, aber keine einzige zur europäischen Desintegration? Es ist geradeso, als würde man Frieden ohne Krieg erforschen; man mag ja den Frieden durchaus dem Krieg vorziehen, aber man kann das eine nicht ohne das andere verstehen. Ebenso kann man Demokratie nicht studieren und Autokratie ignorieren. Wenn man die Demokratie dauerhaft bewahren will, muss man Faktoren verstehen, die das Gegenteil hervorbringen: Autokratie. Aber in den

Europastudien hat niemand je versucht, über ein Auseinanderbrechen der Union zu reden. Warum war das so? Ich vermute, einige von uns wollten das unerwünschte Szenario nicht fördern, während andere fürchteten, EU-Gelder zu verlieren. Wie die Antwort auch immer aussehen mag, uns fehlt dringend benötigtes Wissen darüber, wie sich ein Zerfall der EU aufhalten und der Propaganda der Euroskeptiker entgegenwirken lässt.

Es wäre dumm, Liberalen vorzuwerfen, sie hätten Fake News nicht zensiert und die Verbreitung neuer Kommunikationstechnologien nicht aufgehalten, dennoch ist eine gewisse Kritik an ihren Positionen durchaus gerechtfertigt. Wären Liberale mit gutem Beispiel vorangegangen und hätten darauf verzichtet, Halbwahrheiten zu verbreiten, wären sie in einer stärkeren Position, der Welle von Fake News und anderen Formen entstellter Realitäten, die vom gegnerischen Lager propagiert werden, entgegenzutreten. Hätten Liberale Institutionen nicht ab-, sondern aufgebaut, deren Ziel es ist, die Sorgfalt der Berichterstattung zu überwachen und den Missbrauch statistischer Daten zu verhindern, fiele es politischen Demagogen schwerer, die breite Öffentlichkeit zu beeinflussen. Ohne zuverlässige Schiedsrichter und bewährte Torhüter können die Produzenten von Fake News und virtuellen Wahrheiten nur wachsen und gedeihen. Hätten Liberale darauf verzichtet, ideologische Mythen mit Fakten zu vermengen, wäre es für die konterrevolutionären Kräfte schwierig geworden, ihre Legenden zu verbreiten. Ob ein Land sich beispielsweise eine großzügigere Sozialpolitik leisten kann oder nicht, ist nicht nur eine Frage von statistischen Daten, sondern auch von politischen Entscheidungen. Viel hängt von der eigenen Konzeption ab, was gut und gerecht ist, und nicht nur vom statistischen Geschick. Aber diejenigen, die einen Mindestlohn oder einen Bonus für ein weiteres Kind vorschlagen, werden von (Neo-)Liberalen als verantwortungslose Populisten gebrandmarkt. So kommt Andrew Calcutt in seiner Analyse der Postwahrheit zu dem Schluss:

»Statt dem Populismus vorzuwerfen, dass er umsetzt, was wir in Gang gesetzt haben, wäre es besser, unseren eigenen beschämenden Anteil daran zuzugeben.«[15]

Verloren im Universum

Im Februar 2017 erklärte Marine Le Pen der jubelnden Menge in Lyon: »Die Franzosen wurden ihres Patriotismus beraubt. Sie leiden stillschweigend darunter, dass es ihnen nicht erlaubt ist, ihr Land zu lieben.«[16] Solche Argumente finden ihren Widerhall bei konterrevolutionären Kräften in ganz Europa. Sie deuten auf zwei Aspekte hin, in denen Liberale versagt haben. Erstens hält man Liberalen vor, sie seien für europäische Integration und Globalisierung. Zweitens wirft man ihnen vor, patriotische Zugehörigkeitsgefühle zu einer bestimmten Nation zu ignorieren oder gar schlechtzumachen. Beide Kritikpunkte sprechen Bürger an, die sich im globalen liberalen Universum ohne Gemeinschaftssinn und Schutz verloren fühlen. Anhänger von Le Pen, Orbán, Farage oder Kaczyński glauben, nur Nationalstaaten könnten für ihre wirtschaftlichen, kulturellen und politischen Rechte einstehen und ihnen eine bessere Zukunft bieten. Unsere liberalen Freunde lehnen solche Gedanken zu Recht als naiv und gefährlich ab, versäumen es aber, eine überzeugende, geschweige denn ansprechende Vision von einer globalen liberalen Gesellschaft anzubieten. Das mag ihre gegenwärtigen politischen Schwierigkeiten zumindest bis zu einem gewissen Grad erklären.

Man muss kein fremdenfeindlicher Nationalist sein, um die liberale Konzeption der Gesellschaft für vage und abstrakt zu halten. Angesehene liberale Denker wie Michael Walzer, Michael Sandel, Philip Selznick und Charles Taylor haben auf diese »liberale Kurzsichtigkeit« hingewiesen, aber mit dem Aufkommen neoliberaler

Grundprinzipien wurden ihre Bedenken von den liberalen Mainstream-Parteien und -Medien ignoriert.[17] Kommunitaristische Liberale wiesen darauf hin, dass der Mainstream-Liberalismus dem Einzelnen, nicht den Gemeinschaften besondere Aufmerksamkeit schenkt und diese Individuen als frei, sprunghaft und privat gelten – und Verpflichtungen gegenüber der Gemeinschaft lediglich akzeptieren, um ihre Risiken zu minimieren. In der Regel haben Liberale wenig für familiäre und religiöse Bindungen, nationale oder ethnische Geschichte, Gewerkschafts- oder Klassenzugehörigkeit übrig. Manche dieser Gruppen gelten sogar als Quelle des Bösen. Religiöser Fundamentalismus und ethnischer Fanatismus sind nicht nur illiberal und irrational, sondern auch für Gewalt und Unterdrückung verantwortlich. Bestenfalls sprechen Liberale mit Empathie über Einzelne, die eine Zivilgesellschaft bilden, also eine Gemeinschaft von Bürgern, die sich frei in politischen, wirtschaftlichen und sozialen Formen nichtstaatlicher, ehrenamtlicher Arbeit engagieren.[18] Aber manche Liberale stehen selbst solchen Bindungen misstrauisch gegenüber. Mitglieder rassistischer Vereinigungen könne man ebenfalls als eine Art Zivilgesellschaft sehen, vertreten sie. Allein die Tatsache, einer Gemeinschaft anzugehören, stellt für viele Liberale noch keine Tugend dar; was zählt, ist die Unterstützung liberaler Werte in Theorie und Praxis. Stephen Holmes argumentierte nachdrücklich: »Es gäbe keinen Terrorismus oder nationalistische Grenzkriege ohne selbstlose Hingabe an gesellschaftliche Gruppierungen [...]. Denjenigen, die Homosexuelle im Namen der islamistischen Revolution erschießen lassen, [...] kann man keinen antisozialen Individualismus oder gemeinen Eigennutz vorwerfen.«[19] Zudem halten Liberale es für falsch, manchen Gemeinschaften besondere Vergünstigungen einzuräumen. Warum sollten Christen anders behandelt werden als Atheisten oder Muslime? Warum sollten Angehörige einer bestimmten »Rasse« oder ethnischen Herkunft Privilegien haben?

So weit, so gut, aber trägt unsere liberale Vision den Ängsten und Leidenschaften der Menschen, den kollektiven Bindungen und Traditionen, ihrem Vertrauen, ihrer Liebe und ihren Bigotterien ausreichend Rechnung? Im realen Leben geht es nicht nur um gemeinsam vereinbarte Verfahren, rationale Institutionen und abstrakte Fairness. Die Menschen werden in Familien mit bestimmten Ansichten und Beziehungen hineingeboren, sie wachsen an bestimmten Orten mit Geschichte und Kultur auf, sie arbeiten und pflegen Umgang mit anderen, die häufig emotional und voreingenommen sind. Liberalen sind all diese gemeinschaftlichen und häufig urwüchsigen Verbindungen suspekt, was erklärt, warum sie oft als abgehoben von den »wirklichen Menschen« gelten. Die meisten Leute besitzen Nationalstolz, religiöse Überzeugungen und politische Vorurteile. Sie fühlen sich unter Gleichgesinnten und ähnlich Aussehenden »zu Hause«, sie vertrauen denen, die sie kennen, sie pflegen seltsame Gewohnheiten, Gefühle und Mythen. Liberale Forderungen, auf Beweise, Vernunft und Experten zu setzen, stoßen auf taube Ohren bei Menschen, die an Orten, Gemeinschaften und partikularistischen (häufig altmodischen oder engstirnigen) Idealen hängen. Liberale mögen durchaus wissen, wie man den Einzelnen vor schlechten Gesetzen, religiöser Orthodoxie oder ethnischem Hass bewahrt, können aber wenig dazu sagen, wie man Harmonie, Solidarität und Gemeinschaftssinn herstellt, die für alle ernsthaften Kollektivbestrebungen notwendig sind. Es ist nicht einmal sicher, ob sich eine klare Vorstellung von einer guten Gesellschaft und von Gerechtigkeit darlegen und vereinbaren lässt, ohne sich auf eine bestimmte Gruppe von Menschen zu beziehen, die auf einem bestimmten Territorium lebt und eine gemeinsame historische, kulturelle und moralische Sicht hat. Es fällt schwer, zu behaupten, diese Argumente seien lediglich populistische Demagogie.

Nationalismus ist der Hauptfeind der Liberalen und das nicht nur, weil er zu einer Fülle von Kriegen und Pogromen geführt hat.[20]

Nationalismus diskriminiert ethnische Minderheiten und Migranten, was illiberal ist. Im Nationalismus geht es um Mythen, nicht um Vernunft; es geht um urwüchsige, nicht um zivile Bindungen; es geht um zwangsweise Assimilation an eine einzige Gruppe, nicht um individuelle Freiheit. Es fällt schwer, solchen Behauptungen nicht zuzustimmen. Allerdings kommen Liberale nicht umhin, einzuräumen, dass Freiheiten vorwiegend von Staaten, genauer: von Nationalstaaten garantiert werden. Auch die Demokratie funktioniert nur in Nationalstaaten gut, wie du, Ralf, uns häufig in Erinnerung gerufen hast. Nationen abzuschaffen, könnte also durchaus die Grundlagen der Demokratie, des Rechtsstaats und der individuellen Freiheit zerstören. Die meisten Vorzüge der liberalen Gesellschaft waren dank Nationalstaaten möglich und nicht dank irgendwelcher abstrakter politischer Konstrukte.

Für Liberale ist es besonders schwierig, mit Forderungen nach nationaler (und territorialer) Unabhängigkeit in multiethnischen Staaten umzugehen. Sie fanden ethnische Kriege in der ehemaligen Sowjetunion und auf dem Balkan abstoßend und exotisch. Auch die Bestrebungen in Schottland und Katalonien in den letzten Jahren haben Liberale verwirrt und gespalten. Ich schreibe diesen Brief in einer Zeit, in der sich die Augen in Europa auf den Konflikt über die Unabhängigkeitserklärung Kataloniens von Spanien richten. Der Ausgang dieses Konflikts wird tiefgreifende Auswirkungen für das liberale Projekt haben, aber die europäischen Liberalen sind offenbar unfähig, über vage Mahnungen zu Dialog, Demokratie und verfassungsmäßiger Ordnung hinauszugehen.

Da die liberale Gesellschaftskonzeption eher universell als an einen bestimmten Ort oder eine Nation gebunden ist, begrüßen Liberale wie selbstverständlich transnationale Politik und Wirtschaft. Dass die Vereinten Nationen und die Europäische Gemeinschaft geschaffen wurden, verdanken wir liberalen Idealen. Freihandel, Multilateralismus und Kulturaustausch gehören zu den vorrangigen

Mitteln, das liberale Projekt zu fördern. Kurz: Liberale sind »Globalisten«, nicht »Territorialisten«, um den Ausdruck von Charles S. Maier zu verwenden.[21] Die Frage ist: Wer wird die liberale Ordnung in einer Welt unklarer Grenzen und kaskadierender wechselseitiger Abhängigkeit sichern? Die einzige transnationale öffentliche Autorität von einiger Bedeutung, die Europäische Union, befindet sich gegenwärtig in einem Zerfallsprozess. Internationale Organisationen wie die Vereinten Nationen oder die Weltbank können Einzelne kaum vor raubgierigem Verhalten von Wirtschaft und Politik schützen. Glaubt irgendein echter Liberaler immer noch, das US-Imperium sei tatsächlich ein Agent der Freiheit in der Welt? Würde ein russisches oder deutsches »Imperium« in seiner jeweiligen europäischen Nachbarschaft es besser machen?

Im Europa der sechziger und siebziger Jahre drehte sich der liberale Diskurs weitgehend um den Sozialstaat und die Vorstellung, gegenseitige Verantwortung, die Anerkennung wechselseitiger Abhängigkeit und Gemeinsinn seien die Mittel, um die individuelle Entwicklung zu unterstützen. Dieser Diskurs ging ab 1989 verloren. Neoliberale (unter dem Einfluss der Reagonomics) führten eine falsche Dichotomie von Liberalismus und Kommunitarismus ein. Beim Ersteren sollte es ausschließlich um Individuen gehen: »So etwas wie die Gesellschaft gibt es nicht«, lautete ein berühmter Ausspruch Margaret Thatchers. In der Folge ließ das liberale Projekt den Einzelnen verloren im Gewirr mächtiger transnationaler Märkte und unzulänglicher transnationaler Institutionen zurück. Bürger sehen sich zunehmend isoliert und staatlichen Schutzes beraubt, sei es auf wirtschaftlichem, rechtlichem oder administrativem Gebiet. Wir haben die nationalen Grenzen untergraben, ohne effektive transnationale Hoheitsorgane zu schaffen. Wahrscheinlich ist es naiv von den Konterrevolutionären, zu glauben, eine Rückkehr zu Nationalstaaten werde alle größeren Probleme lösen, aber ich frage mich, ob liberale Freiheiten in einem Europa, das wir Liberalen aufgebaut haben, noch zu schützen sind. Außerdem frage ich mich, ob Liberalismus sich ohne einen kollektiven Willen, Solidarität und eine ans Mythische grenzende Hoffnung noch verteidigen lässt. Wir haben es versäumt, eine europäische Zivilgesellschaft und eine europäische Hoheitsgewalt zu schaffen, die imstande wären, das liberale Projekt voranzutreiben. Kein Wunder, dass immer mehr europäische Bürger sich von uns abwenden und stattdessen eine überholte, aber vertraute Politik der nationalen Herrlichkeit, der Wertegemeinschaft und der Mauern unterstützt, die eine Gruppe von der anderen trennen.

Wozu bin ich gut?

Der Liberalismus wurde schon mehrfach in der Geschichte verächtlich gemacht und für tot erklärt, am eindringlichsten im 19. Jahrhundert und in der Zwischenkriegszeit im 20. Jahrhundert. Dennoch hat er sich immer wieder erholt und wird dies vielleicht auch in Zukunft tun. Tatsächlich halten sich Liberale nach wie vor in mehreren europäischen Staaten an der Macht und wir sollten nicht davon ausgehen, dass die Tage des Liberalismus gezählt sind.

Das bedeutet allerdings nicht, dass sich seine Kritiker bald zerstreuen und er in ganz Europa wieder »die einzige Möglichkeit« sein wird. Ich möchte nicht pessimistisch klingen, Ralf, aber ich fürchte, liberale Ideale werden noch geraume Zeit unter Beschuss bleiben und sich erst nach einer langen und wahrscheinlich traumatischen Geschichtsperiode erholen. Hoffen wir, dass sie nicht so schlimm wird wie in den dreißiger und vierziger Jahren, aber sicher sein können wir uns dessen nicht. Um wieder Aufwind zu bekommen, müssten Liberale ihre Sicht von Demokratie, Kapitalismus und europäischer Integration überdenken. Abstrakte liberale

Prinzipien zu predigen und antiliberale Gegner scharf zu kritisieren wird nicht reichen. Für einen erneuten Aufschwung müssen Liberale zudem ihre Führungskräfte auswechseln, denn denjenigen, die das liberale Projekt kompromittiert oder sogar verraten haben, kann man dessen Erneuerung nicht anvertrauen. Vor allem sollten Liberale ihre Fehler eingestehen, und zwar nicht nur, um bei den Wählern wieder an Glaubwürdigkeit zu gewinnen, sondern auch, um zu verstehen, wo es Verbesserungen vorzunehmen gilt.

Bob Dylan schrieb 1989 einen Song, der zum liberalen Motto der nächsten Jahre werden könnte:

> Wozu bin ich gut, wenn ich weiß und nichts tue
> Wenn ich sehe und nichts sage, wenn ich durch dich hindurchsehe
> Wenn ich taube Ohren habe für den donnernden Himmel
> Wozu bin ich gut?
> …
> Wozu bin ich gut, wenn ich törichte Dinge sage
> Und lache angesichts der Dinge, die Trauer bringen
> Und einfach den Rücken kehre, während du stumm stirbst
> Wozu bin ich gut?[22]

Ich habe versucht, dir, Ralf, zu vermitteln, was Liberale ignoriert oder falsch gemacht haben. Das ist mir sicher nicht so prägnant und poetisch gelungen wie Bob Dylan, aber drei Begriffe oder Werte, wenn du so willst, sind wiederholt in den Vordergrund gerückt: Gleichheit, Gemeinschaft und Wahrheit. Gegenwärtig haben sich konterrevolutionäre Politiker diese Begriffe auf die Fahnen geschrieben. Liberale sollten sie für ihr eigenes Projekt zurückzuerobern versuchen.

Gleichheit lässt sich nicht ernst nehmen, ohne die neoliberale Ökonomie aufzugeben. Das ist nicht nur eine wirtschaftstheoretische Frage, denn hinter der neoliberalen Ökonomie stehen eigennützige Interessen und echte Liberale müssen den Mut aufbringen, sich gegen sie zu erheben. Aber ihr Kampf gegen den Neoliberalismus wird nicht gelingen, solange keine plausible alternative Vision des Kapitalismus in Sicht ist. (Später mehr zum neoliberalen Kapitalismusbegriff.)

Liberale dürfen nicht nur über Individuen und deren Freiheit denken und reden. Sie sollten anfangen, ernsthaft über kommunitaristische Bindungen, soziale Verantwortung und ihr Potenzial zur Sicherung liberaler Freiheiten nachzudenken und zu reden. Philip Selznick argumentierte schon vor vielen Jahren: »Die dünne Theorie zur Gemeinschaft, die viele Liberale vertreten, genügt nicht [...] wir brauchen eine stärkere Gemeinschaftsidee, welche die Verpflichtungen und Opfer rechtfertigt, die wir uns und einander im Namen eines Gemeinwohls abverlangen.«[23] Ich bin mir nicht sicher, ob eine menschlichere Form von Nationalismus, ein »liberaler Nationalismus«, wie Stefan Auer ihn nannte, eine Option ist.[24] Höchstwahrscheinlich sollte man eine neue, etwas utopische Vision einer kommunitaristischen Republik mit digitalen Mitteln öffentlicher Beratungen ins Auge fassen. Welche Möglichkeit man auch wählt, Gemeinschaftsfragen konterrevolutionären Kräften zu überlassen, würde Liberale marginalisieren und Europa allen negativen Manifestationen des Kommunitarismus aussetzen: vor allem nationalen Kriegen, ethnischem Hass und religiösem Fundamentalismus.

Last, but not least sollten Liberale sich an die Wahrheit halten. Damit meine ich nicht nur, dass sie darauf verzichten sollten, zu lügen und Fakten mit Interpretationen und Meinungen zu vermengen. Ich möchte auch nicht für ideologische Wahrheiten eintreten. Michael Freeden erklärte: »Wenn Liberale einen Wahrheitsbegriff unterschreiben, dann ist diese Wahrheit experimentell und sich wandelnden historischen und geografischen Auffassungen unterworfen.«[25] Mit dem Akzeptieren der Wahrheit meine ich vielmehr ehrliche Bestrebungen, das heutige Europa und die Sorgen seiner

Bürger zu verstehen. Sich über die neuesten Umfrageergebnisse den Kopf zu zerbrechen, mit tröstlichen Statistiken zu protzen und gezielt ein bestimmtes politisches Image zu verbreiten, zielt in die entgegengesetzte Richtung.

Mit dem Akzeptieren der Wahrheit meine ich auch, nach neuen liberalen Lösungen für die zentralen Herausforderungen des 21. Jahrhunderts zu suchen: Frieden, nachhaltige Entwicklung, Klimawandel, Migration und Gleichheit. Bevor wir übereilt handeln, müssen wir das Problem, das wir zu lösen versuchen, sowie unsere (Un-)Fähigkeit, etwas zu verbessern, verstehen. Das ist im Eifer der aktuellen politischen Auseinandersetzungen nicht einfach, aber wir müssen die richtige Balance zwischen anprangern und erklären finden. Wir dürfen nicht nur mit dem Finger auf unsere Gegner zeigen, die uns hindern, Dinge zu richten; wir müssen auch in den Spiegel schauen und unsere eigenen Fehler erkennen. Die Erklärer neigen dazu, Fehlverhalten zu rechtfertigen: Ist nicht die Globalisierung für den Populismus verantwortlich? Sie prangern an, erklären aber nichts: Schaut, wie destruktiv die Populisten sind!

Man kann die Welt ohne normativen Kompass nicht verstehen. Wir müssen Urteile fällen. Allerdings dürfen sich Urteile nicht nur auf unsere Gegner beziehen, sondern auch auf uns. Immer wieder müssen wir uns fragen: Wozu tauge ich? Werde ich meinen liberalen Standards gerecht? Erst dann werden wir imstande sein, mit gutem Beispiel voranzugehen. Darin sah Hannah Arendt die ideale Verbindung von Wahrheit und Politik. In ihrem berühmten Essay von 1967 schrieb sie: »[D]iese Probe aufs Exempel ist in der Tat die einzige ›Beweisführung‹, deren philosophische Wahrheiten fähig sind.«[26]

Kapitel 3
Demokratische Malaise

Du, Ralf, warst dir sicher, dass die liberale der »egalitären« Demokratie überlegen ist. Demokratie ist eine Regierungsform, kein »Dampfbad des Volksempfindens«, hast du argumentiert. Eine Regierung des Volkes nanntest du eine »demokratische Illusion«, die Usurpatoren und Monopolen den Weg ebne: »›Wir das Volk‹ können uns erheben gegen ein Schauerregime der Ausbeutung und Unterdrückung, aber ›wir das Volk‹ können nicht regieren.«[1] Die gegenwärtige konterrevolutionäre Bewegung versucht, dich zu widerlegen, und hat die populäre Unterstützung zunehmend auf ihrer Seite.

Dass gewöhnliche Bürger derzeit von der liberalen Demokratie desillusioniert sind, hat vielfältige und legitime Gründe. Zunächst einmal ist die Umsetzung deiner liberalen Prinzipien viel zu weit gegangen: Demokratie ist zu einer Kunst institutionellen Engineerings geworden, die wenig Raum für Bürgerbeteiligung lässt. Wahlen werden organisiert, führen aber nicht zu echten Politikwechseln, während wichtige Entscheidungen von nicht gewählten Gremien wie Zentralbanken, Verfassungsgerichten und der Europäischen Kommission gefällt werden.

Die institutionellen Säulen der liberalen Demokratie sind ebenfalls in der Krise. Politische Parteien sind zu »Kader«- und »Kartell«-Parteien mit wenigen Mitgliedern und ohne feste Wählerschaft verkommen; die Exekutive behandelt die Bürger als Konsumenten, die von der Meinungsforschung mit raffinierten Instrumenten untersucht werden; die hegemonialen Massenmedien haben die Parlamente als zentrales Forum politischer Debatte ersetzt. In dieser Situation ist es leicht geworden, Demokratie vorzutäuschen, und das erzeugt öffentliche Empörung.

Mit dem Aufkommen und der späteren Dominanz des Neoliberalismus stellt sich eine grundlegendere Frage: Kann Demokratie die Märkte kontrollieren? Und wenn nicht, können Politiker ihre Wahlversprechen zu so grundlegenden Bereichen wie Renten, Investitionen oder auch Gesundheitsversorgung überhaupt noch umsetzen?

Unsere liberalen Freunde dürften einige dieser Sorgen teilen, würden aber wohl argumentieren, die konterrevolutionären Politiker werden dem Volk die Macht nicht zurückbringen, wie sie es behaupten. Wahrscheinlich werden sie eine Art Anokratie errichten: eine inhärent instabile und ineffektive Regierungsform, die eine »inkohärente Mischung demokratischer und autokratischer Merkmale und Praktiken« aufweist.[2] Ich fürchte, dies wird tatsächlich eintreten. Sich der liberalen demokratischen Ordnung zu entledigen, ist eine Sache; eine echte, aber auch gut funktionierende partizipatorische und egalitäre Demokratie aufzubauen, eine andere. Aber wir können die gegenwärtige Konterrevolution nicht verstehen, ohne die Mängel des liberalen Projekts einzugestehen. Und wir können die Bestrebungen zur Erneuerung der Demokratie nicht einfach abtun, nur weil sie von politischen Gegnern vorangetrieben werden. In der Geschichte der Demokratie erwuchsen die wichtigsten Fortschritte aus hitzigen und zuweilen gewaltsamen politischen Kämpfen. Die Herrschenden, so aufgeklärt sie auch sein mögen, sind selten bereit, den Beherrschten mehr Rechte einzuräumen.

War die liberale Demokratie schlecht durchdacht oder nur schlecht umgesetzt? Vermutlich beides. Vor allem aber gelang es ihr nicht, sich an schnelle Veränderungen in Wirtschaft, Kommunikation und Kultur anzupassen. Bei der Zusammensetzung von Aktionärsgemeinschaften spielen nationale Grenzen eine immer kleinere Rolle. Das Internet hat neue Möglichkeiten eröffnet, wie Bürger die Politiker und Politiker die Bürger kontrollieren können. Modernisierung und Migration schaffen kaskadierende Fragmentierung, Polarisierung und Instabilität, die eine Vermittlung zwischen öffentlichen Präferenzen erschweren. Die liberale Demokratie bietet kaum plausible Lösungen für den Umgang mit diesen Herausforderungen an und ist zudem zur Geisel eigennütziger Interessen geworden, die im Schatten formaler demokratischer Gesetze operieren. Kein Wunder, dass manche Bürger die Demokratie aufgegeben und andere angefangen haben, zu rebellieren.

Dysfunktionale Repräsentation

Die konterrevolutionären Politiker geben vor, sie sprächen im Namen von Menschen, die sich im Regierungssystem nicht mehr vertreten fühlten. Wieso ist ihre Behauptung glaubwürdig? Weil die Stützpfeiler politischer Repräsentation in Trümmern liegen, nämlich Parteien, Parlamente, Wahlen und Medien. Die Erosion dieser Grundpfeiler der politischen Vertretung hat in den letzten Jahrzehnten eindeutig zugenommen und ist zeitlich mit der triumphalen liberalen Ära zusammengefallen. Schon ein flüchtiger Blick auf statistische Daten aus ganz Europa zeigt, dass Wahlbeteiligung, Parteimitgliedschaft und Vertrauen in Parlamente in den letzten beiden Jahrzehnten auf ein Rekordtief gesunken sind.[3] Im selben Zeitraum hat die Zahl der Wechselwähler Rekordhöhen erreicht, wovon konterrevolutionäre Politiker zunehmend profitieren.

Wir brauchen nicht erst die Reden konterrevolutionärer Politiker zu analysieren, um eine dramatische Krise der politischen Repräsentation und ihrer institutionellen Grundpfeiler zu erkennen. Der irische Professor Peter Mair konstatierte plakativ: »Die Parteien bestehen zwar noch, sind aber von der breiten Gesellschaft so weit abgekoppelt und verfolgen eine so sinnentleerte Form des Wettbewerbs, dass sie offenbar nicht länger imstande sind, Demokratie in ihrer gegenwärtigen Form aufrechtzuerhalten.«[4]

Die Parteien sind jedoch keineswegs tot. Sie mögen zwar weniger und meist schon relativ alte Mitglieder haben,[5] aber sie verfügen über mehr Macht und Ressourcen denn je. Das Problem ist, dass die Parteien in Europa sich heutzutage hauptsächlich durch staatliche Zuwendungen und nicht mehr über Mitgliedsbeiträge, private Spenden und angegliederte Organisationen finanzieren. Außerdem erwächst die Macht der Parteien aus staatlichen Bestimmungen und nicht aus starken Wurzeln in ihrer jeweiligen Wählerschaft. Parteien fungieren nicht mehr als Brücke zwischen Staat und Gesellschaft; sie sind zum Bestandteil des Staatsapparats geworden und haben sich von der Wählerschaft losgelöst. Im Grunde vertrauen Parteien auf staatlich regulierte Kommunikationskanäle; sie nutzen staatliche Einrichtungen, um ihre eigenen unterbesetzten Organisationen mit Personal zu versorgen und zu erhalten; sie belohnen ihre Anhänger und Aktivisten mit staatlichen Privilegien und Ressourcen. Das erklärt, warum Parteien noch immer gesund und munter sind, macht sie aber keineswegs repräsentativ. Die Kluft zwischen gewöhnlichen Bürgern und der Parteielite wird immer größer und wird von den Neulingen mit konterrevolutionärem Banner gefüllt.

Angeblich sind Parlamente die Schlüsselorte politischer Vertretung: Hier werden Gesetze gemacht und Regierungen streng kontrolliert. In Wirklichkeit werden die meisten Gesetze in Ministerien unter der Leitung von Parteifunktionären ausgearbeitet, deren Entscheidungen die Parlamente häufig ohne große Debatten nur noch abnicken. Die Kontrolle der Politiker erfolgt hauptsächlich durch die Medien, und zwar zunehmend im Internet. Selbst parlamentarische Untersuchungsausschüsse, die eingerichtet werden, um grobes Fehlverhalten von Politikern und Beamten aufzudecken, werden als PR-Übungen betrieben und führen kaum je zu Disziplinarmaßnahmen gegen Parteifunktionäre.

Vorbei sind die Zeiten, als Parlamente vorgaben, ein Marktplatz der Ideen zu sein, inspirierend und eloquent; heutzutage sind sie Abstimmungsmaschinerien, die von Fraktionsführern diszipliniert werden. Nach wie vor finden in Parlamenten Debatten statt, die häufig im Fernsehen übertragen werden, aber sie haben nur noch wenig Ähnlichkeit mit dem Ideal einer sich beratenden Demokratie. Abgeordnete folgen der Parteilinie und werfen sich gegenseitig Beleidigungen an den Kopf, die gelegentlich sogar zu Handgreiflichkeiten führen. Beispiele für Kompromisse und Vermittlung zwischen der parlamentarischen Regierungsmehrheit und der Opposition sind dieser Tage selbst in Ländern wie den Niederlanden selten, die früher stolz auf ihre politische Kultur der Konkordanzdemokratie waren. Nimmt man noch die fortlaufenden Skandale um Parlamentarier hinzu wie den Spesenskandal von 2009 in der Mutter aller Parlamente, Westminster, dann ist unmittelbar nachvollziehbar, warum diese Säule der Repräsentation zunehmend ins Wanken gerät.

Derzeit rangieren Parlamente bei den Bürgern ganz unten auf der Liste der Institutionen, die ihr Vertrauen oder ihren Respekt verdienen. Laut Eurobarometer von 2016 vertrauen lediglich 28 Prozent der Europäer ihrem nationalen Parlament. Das Vertrauen spanischer Bürger sank in der kurzen Spanne von 2008 bis 2010 um 67 Prozent, das der irischen Bürger um 65,7 Prozent. Auch in wirtschaftlich prosperierenden Ländern wie Deutschland ist das Vertrauen in das Parlament geschwunden, wenngleich weniger drastisch.

Angesichts der Defizite gegenwärtiger Parteien und Parlamente ist es keineswegs erstaunlich, dass Wahlen nicht mehr als Mittel eines Politikwechsels gesehen werden. Tatsächlich tauchen auf

Wahlkampfveranstaltungen konterrevolutionärer Bewegungen wie Podemos unzählige Plakate mit Sprüchen auf wie: »Wahl ohne Stimmrecht«.

Wahlen werden organisiert und zelebriert, vermitteln Wählern aber nicht das Gefühl, gehört und vertreten zu werden. Sie bringen zwar einen Wechsel der Regierungsparteien, führen jedoch kaum zu erheblichen Veränderungen der Wirtschafts-, Kultur- oder Migrationspolitik, falls nicht Konterrevolutionäre siegen. Wähler können regierende Politiker abstrafen, aber sie können ihnen ihr Zuhause, ihren Arbeitsplatz und ihre Alltagssorgen nicht näherbringen. Sie können rivalisierende Politiker nur aus der Ferne beobachten und haben nur wenige Möglichkeiten, in einen substanziellen Dialog mit ihnen zu treten. Zunehmend ähneln Wahlen einem medienwirksamen Karneval. Spin, Image und Täuschung überwiegen inhaltliche Argumente und historische Bilanzen. Und da wir in einer Ära der Postwahrheit leben, kommen rivalisierende Kandidaten mit offenkundigen Lügen und Verleumdungen durch.

Das bringt uns zur vierten wichtigen Säule der Demokratie: den Medien. Die osteuropäischen liberalen Revolutionäre von 1989 traten für freie, unabhängige Medien ein. Aber schon bald erkannten sie, dass diese in der Demokratie nicht nur von lokalen Politikern, sondern auch von Unternehmensinteressen manipuliert werden. Silvio Berlusconis politische PR-Maschinerie erwies sich als geschickter als jede kommunistische Propaganda und fand viele Nachahmer auf dem Kontinent. Nicht nur das Fernsehen, auch die seriöse europäische Presse wurde immer voreingenommener, parteiischer und reißerischer. Demokratische Politik ist für sie eine Art Unterhaltung, die Einkommen generiert. Politiker ohne soziale Wurzeln und klare Ansichten müssen sich den Medienerfordernissen anpassen. Kein Wunder, dass sie häufig reden wie Kandidaten einer Realityshow. Manche von ihnen nehmen sogar an solchen Fernsehshows wie *Strictly Come Dancing* oder *Big Brother* teil.

Das Internet bietet Kommunikationskanäle ohne redaktionelle Zensur, allerdings werden sie eher zur Verbreitung von Hassbeiträgen genutzt als zur Förderung der Demokratie. Das Internet hilft Bürgern, Politiker zu kontrollieren und miteinander in Verbindung zu treten. Aber der Zugang zum Internet und die Nutzung sind ungleich verteilt. Internetprovider und Sicherheitsbehörden nutzen und missbrauchen die privaten Daten der Bürger. Manche Informationen (so falsch sie auch sein mögen) werden verbreitet, während andere (so zutreffend sie auch sein mögen) unterdrückt werden. Laut Buzz Feed News ist es in vielen demokratischen Staaten zum täglichen Brot der Politik geworden, auf Facebook und Twitter falsche Informationen zu verbreiten.[6] Insgesamt ist das Internet zumindest bisher ein zweifelhafter Segen für die repräsentative Demokratie.

Liberale Oligarchie

Es ist unfair, den Liberalen die Schuld an sämtlichen Problemen der repräsentativen Demokratie zuzuschieben. Durch gesellschaftliche Modernisierung und die Verbreitung neuer Technologien wie des Internets sind unsere Gesellschaften pluralistischer und fragmentierter geworden. Das macht es wiederum schwieriger für die Parteien, zwischen allen konkurrierenden Präferenzen ihrer traditionellen Wähler zu vermitteln, sie zusammenzufassen und dann angemessen zu vertreten. Lange bestehende Ideologien und Institutionen haben sich überlebt und es blieb wenig Zeit und Konsens, die Demokratie auf eine neue Art und Weise funktionstüchtig zu machen. Aber manche der konterrevolutionären Politiker haben eifriger als die Etablierten demokratische Experimente gewagt. Sie haben Kontroversen und direkte Teilhabe als wichtigste demokratische Stützpfeiler ins Rampenlicht gerückt. So nutzen die spanische Podemos und die italienische Fünf-Sterne-Bewegung das Internet für einen permanenten Austausch zwischen ihrer Führung und den Anhängern. In Madrid, wo eine von Podemos gestützte Koalition regiert, hat die Bürgermeisterin ein »partizipatorisches Budget« von 60 Millionen Euro ausgewiesen, über dessen Verwendung durch Internetabstimmungen entschieden werden soll, nachdem Lokalgremien Vorschläge eingereicht haben. Liberale machten sich schnell über diese partizipatorischen Experimente lustig. Ihre bevorzugte Demokratieform wurde zunehmend als elitär und sogar oligarchisch wahrgenommen.

In der Demokratie ging es nie um einen simplen Beschluss der jeweiligen Mehrheit im Parlament. Vielmehr wird die Mehrheit durch zahlreiche Verfassungsvorkehrungen eingeschränkt; in der Demokratie ist die Macht auf Legislative, Exekutive und Judikative aufgeteilt. Außerdem schützen Verfassungen die Rechte von Minderheiten gegen hegemoniale Bestrebungen der Mehrheit. Liberale sind immer für mehr Rechte verschiedener Minderheiten eingetreten. Migranten, Homosexuelle, rassische oder ethnische Gruppen, Kinder und Behinderte sind zunehmend durch Gesetze geschützt oder sogar bevorzugt behandelt worden. Das bereitete manchen Teilen der örtlichen Mehrheit Unbehagen. Man muss nicht fremdenfeindlich sein, um die Konkurrenz gut gebildeter Migranten zu fürchten, die bereit sind, für niedrigere Löhne zu arbeiten.

Auch die Verlagerung von Macht auf Institutionen, die nicht direkt gewählt werden, hat die Mehrheiten frustriert. Verfassungsgerichte, Zentralbanken und zahlreiche Aufsichtsbehörden erhielten zunehmend Machtbefugnisse, gegen den Willen der Parlamente zu handeln. Das war keine liberale Verschwörung, sich des Volkssouveräns zu entledigen, wie die Konterrevolutionäre oft behaupten. Verfassungsgerichte sind Bestandteil der Gewaltenteilung und haben die Aufgabe, zu gewährleisten, dass Politiker das Grundgesetz nicht parteipolitisch auslegen, dagegen verstoßen oder es ignorieren. Zentralbanken müssen dafür sorgen, dass Politiker die Geldpolitik nicht zu ihren politischen Zwecken manipulieren. Aufsichtsbehörden verfügen angeblich über höchst spezialisiertes Fachwissen, das Parlamentariern fehlt. Zudem können sie eine längerfristige Perspektive ins Auge fassen, die über eine Legislaturperiode hinausreicht. Giandomenico Majone formuliert es so:

> Glaubwürdigkeit, nicht der legitime Einsatz von Zwang ist heute die wertvollste Ressource politischer Entscheidungsträger. Leider ist es für demokratische Politiker recht schwierig, sich glaubwürdig auf eine langfristige Strategie festzulegen: Da eine Legislative eine andere Legislative nicht verbindlich festlegen kann und eine Regierungskoalition einer anderen nicht die Hände binden kann, sind politische Maßnahmen immer dafür anfällig, zurückgenommen zu werden, und besitzen somit keine langfristige Glaubwürdigkeit. Daher ist die Delegation politischer Entscheidungsbefugnisse an [nicht mehrheitsgebundene] unabhängige Institutionen ein Mittel, durch das Regierungen sich glaubwürdig zu Strategien verpflichten können, die ohne eine solche Delegation nicht glaubwürdig wären.[7]

Diese Argumentation gilt vor allem für Bereiche wie Gesundheitswesen, Umweltschutz und Renten, in denen kurzfristiges Handeln unverantwortlich ist.

Das Problem ist allerdings, dass Angelegenheiten, die nicht mehrheitsgebundene Institutionen regeln, nicht nur technische, sondern meist auch politische Fragen betreffen. Politiker tendieren zu überzogenen Versprechungen, besonders vor Wahlen. Es wäre jedoch falsch, anzunehmen, Wähler würden all diesen »unrealistischen« Versprechen blind vertrauen und bräuchten deshalb »unabhängige« und »objektive« Richter, Banker, Regulatoren und sonstige Experten, die einspringen und den Souverän »korrigieren«.

In der Demokratie sollten das Volk und seine gewählten Vertreter, nicht aber nicht gewählte Experten das Recht haben, den Begriff des Kollektivinteresses auszuformen. So vertreten Experten, steigende Renten würden den Inflationsdruck erhöhen und der zukünftigen Arbeitnehmergeneration größere Lasten aufbürden. Dennoch ist zweifelhaft, ob Experten oder auch Richter (geschweige denn Banker) die Befugnis haben sollten, über das Renteneintrittsalter oder die Rentenhöhe zu entscheiden.

Nicht an Mehrheitsentscheidungen gebundene Institutionen brüsten sich damit, objektiv und unparteiisch zu sein, aber das ist oft gar nicht der Fall. Richter und Experten haben politische Freunde und ideologische Vorurteile. In manchen Fällen kann strittig sein, was objektive Erkenntnisse sind. Alec Stone Sweet stellte zu Recht fest: »Wenn das Gericht ein Gesetz aus rechtlichen Gründen aufhebt, setzt es seine eigene Rechtsauslegung und seine eigenen politischen Ziele anstelle derjenigen des Parlaments.«[8] Das Gleiche lässt sich über Zentralbanken und Aufsichtsbehörden sagen.

Wie immer hängt auch hier viel von den jeweiligen Problemen, dem Kontext und den Proportionen ab. Die meisten Bürger ziehen es wahrscheinlich vor, dass Bereiche wie Nahrungsmittelsicherheit oder Luftverkehr im Alltag von Experten statt von Politikern geregelt werden. Problematisch ist, dass die Zahl der nicht mehrheitsgebundenen Institutionen mit immer weitreichenderen Befugnissen in den letzten Jahren allzu stark zugenommen hat, was in der Öffentlichkeit Besorgnis erregt. Konterrevolutionäre Politiker werfen den in Europa herrschenden Liberalen vor, sie regierten ohne Wählermandat und nutzten Gerichte, Zentralbanken und Experten, um Parlamente zu umgehen oder zu lähmen. Selbst im Vereinigten Königreich bezeichneten Boulevardblätter, die den Brexit befürworteten, Richter als »Volksfeinde«.[9]

In Ländern, in denen Liberale bei den Wahlen von Konterrevolutionären geschlagen wurden, erlangten solche Anschuldigungen

Glaubwürdigkeit. In Ungarn, Griechenland und Polen setzten die besiegten Liberalen auf die Macht ernannter Verfassungsrichter oder Zentralbanker, Entscheidungen oder Gesetze der neuen Regierungen zu boykottieren oder aufzuheben. Die konterrevolutionären Politiker beeilten sich dagegen, diese nicht mehrheitsgebundenen Institutionen zu neutralisieren und mit ihren eigenen politischen Verbündeten zu besetzen. In einem Akt antiliberaler und antieuropäischer Missachtung ignorierte Polens Regierungspartei PiS die Entscheidungen des Verfassungsgerichts und beschuldigte es, Politik zu machen. Dann brachte sie Gesetze durch, die dem Gericht eine ordnungsgemäße Arbeit erschwerten. Gesetze sollten im Parlament gemacht werden, das die Mehrheit der polnischen Wählerschaft vertrete, argumentierte PiS, nicht von nicht gewählten Richtern, die versuchten, die alte liberale Ordnung zu erhalten. Liberale organisierten eine Reihe von Massendemonstrationen zur Verteidigung des Verfassungsgerichts, aber in Umfragen zeigte sich keine Wende in der öffentlichen Unterstützung zugunsten liberaler Politiker.

Die Menschen fühlen sich nicht nur wegen formaler Institutionen und Gesetze unzureichend repräsentiert, ebenso wichtig sind informelle Regeln und Institutionen. Konterrevolutionären Politikern ist es besonders effizient gelungen, die breite Öffentlichkeit davon zu überzeugen, dass liberale Demokratien von einem informellen Netzwerk aus Politikern, Lobbyisten, Bankern und Medienmogulen beherrscht werden. Die Belege für die Existenz und Macht dieser Netzwerke sind dürftig und sei es auch nur, weil diese nie transparent, institutionalisiert und nachvollziehbar sind. Wir wissen, dass Rupert Murdochs Imperium enge Verbindungen zu zahlreichen britischen Politikern hatte, aber der Charakter dieser Beziehungen ist trotz der Leveson-Ermittlung nach wie vor rätselhaft.[10] In Italien beschränkte sich die Verquickung von Medien, Wirtschaft und Politik keineswegs auf Silvio Berlusconi. Die meisten italienischen Zeitungen und Fernsehsender haben Verbindungen zu parteigebundenen Industriellen und Politikern. Ein einschlägiges Beispiel ist der bekannte italienische Industrielle Carlo De Benedetti, der seine liberale Tageszeitung *La Repubblica* für eine Medienkampagne gegen Berlusconi nutzte. Nachdem Berlusconi zum Rücktritt gezwungen wurde, half *La Repubblica* der Mitte-links-Partei von Ministerpräsident Matteo Renzi (und De Benedettis) im Kampf gegen die konterrevolutionäre Kritik von Beppe Grillo und seiner Fünf-Sterne-Bewegung.

Die Konterrevolutionäre behaupten, informelle liberale Netzwerke operierten in einem schmutzigen Miteinander, indem sie Gefälligkeiten austauschten, Konkurrenz abwehrten und parteiische Regulierungsstandards durchsetzten. Die Loyalität dieser Netzwerke basiere auf gemeinsamer Geschichte und Interessen, nicht auf gemeinsamen ethischen, professionellen oder politischen Werten. Sie seien von Natur aus elitär und diskriminierten einfache Leute und jene, die vorgeben, für sie zu sprechen. Liberale Netzwerke förderten nicht nur die ihnen freundlich gesinnten Politiker, sondern verbreiteten auch entsprechende ideologische Lehren und zweckdienliche Statistiken. Sie machten sich über alternative Ideen lustig und unterdrückten unbequeme Wahrheiten. Leider ist etwas Wahres an den konterrevolutionären Behauptungen dran, die Demokratie sei zunehmend oligarchisch: Eine relativ kleine Elite versucht nach ihrer eigenen Weltsicht zu regieren und bemüht sich kaum, auf die Wählerschaft zu hören.

Liberale stellen die Massen (sprich: die einfachen Wähler) als naiv und irrational, wenn nicht gar als trunken oder verrückt dar. Als Adam Michnik, Chefredakteur der liberalen Tageszeitung *Gazeta Wyborcza,* den Wahlsieg der antirevolutionären PiS 2015 erklären sollte, sagte er: »Manchmal verliert eine schöne Frau den Verstand und geht mit einem Mistkerl ins Bett.«[11] Anhänger konterrevolutionärer Politiker wie Le Pen, Farage oder Wilders werden als fremdenfeindlich und rassistisch angeprangert. Brexit-Befürworter wurden der »verrückten Verleumdung« bezichtigt.[12] Selbstverständlich können wir der Ansicht sein, die Wähler hätten falsche Entscheidungen getroffen und in der Demokratie gehe es nicht nur um »die Stimme des Volkes«. Aber eine Demokratie, die Wahlergebnisse nicht respektiert, ist schwer vorstellbar und Liberale dürften wohl kaum Wähler wieder auf ihre Seite ziehen, indem sie diese beleidigen und als dumm, unfähig und naiv abtun. Vielmehr sollten besiegte Liberale sich fragen: »Warum haben die Bürger für die konterrevolutionären Kräfte und nicht für uns gestimmt?« Die liberale Oligarchie, wie sie nach 1989 praktiziert wurde, ist sicher einer der Gründe und sollte von den Liberalen selbst abgelehnt werden. Wenn sie den Bürgern nicht das Gefühl vermitteln können, dass ihre Stimme wirklich zählt, werden die konterrevolutionären Kräfte auf eine reine Wahldemokratie ohne Achtung für Minderheitenrechte, gegenseitige Kontrolle und Gewaltenteilung drängen.

Externe Spieler mit Vetorecht

Die bisher erörterten Probleme der Demokratie sind ihrer Beschaffenheit nach national und lassen sich wahrscheinlich durch gezielten politischen Druck und technische institutionelle Veränderungen beheben. Wahlen können arrogante Politiker aus Ämtern beseitigen und die Macht nicht mehrheitsgebundener Institutionen lässt sich durch Parlamente oder Volksabstimmungen beschneiden, die bestehende Verfassungen ändern. Schwieriger ist der Umgang mit Herausforderungen und Problemen, die ihrer Beschaffenheit nach transnational sind. In den letzten zwei bis drei Jahrzehnten ist uns klar geworden, dass die fortschreitende Globalisierung und Europäisierung eine neue Konstellation von Territorium, Autorität und Rechten hervorgebracht haben.[13] Das musste sich auf die Demokratie auswirken.

Demokratie beschränkt sich vornehmlich auf das Territorium von Nationalstaaten, aber haben diese Nationalstaaten noch die Hoheit darüber, was innerhalb ihrer Grenzen vorgeht? Wenn nicht, wie kann die Demokratie dann die Rechte ihrer Bürger gewährleisten? Wie kann sie aufnahmefähig für Forderungen der Wähler sein? Es vergeht kein Tag, ohne dass Politiker den globalen Märkten, den EU-Vorschriften, der deutschen Sturheit oder transnationalen Menschenhändlern nicht die Schuld für das mangelnde Entgegenkommen gegenüber den Wählern zuschöben. Demokratien scheinen nicht länger souverän zu sein. Wählerstimmen spielen anscheinend keine sonderliche Rolle in der Welt kaskadierender wechselseitiger Abhängigkeiten.

Vor Wahlen versprechen nationale Politiker weiterhin vieles, sind aber wegen wachsender externer Zwänge immer weniger imstande, diese Versprechen einzulösen. Fortwährend entziehen die Wähler Politikern, die ihre Versprechen nicht halten, die Macht, doch das führt nicht zu wesentlichen Änderungen der Politik. Mächtige transnationale Kräfte binden Politikern die Hände und machen den souveränen Volkswillen zu einer Illusion.

Lange könnten wir debattieren, ob Staaten und ihr jeweiliges Staatsvolk jemals innerhalb ihrer Grenzen völlige Souveränität besaßen. Manche, vor allem die großen und reichen, waren schon immer souveräner als andere, weshalb einige Wissenschaftler das Souveränitätsprinzip als organisierte Heuchelei bezeichnet haben.[14] Auch Globalisierung und Regionalisierung sind keine völlig neuen Phänomene und es fällt schwer, den Siegern der Revolution von 1989 die Schuld an all ihren negativen Folgen zu geben. Allerdings haben Liberale die Globalisierung und die europäische Integration mit ihren tiefgreifenden Weiterungen für die demokratische Politik der Nationalstaaten begeistert begrüßt.

Vor allem aber sind die Märkte mittlerweile weitgehend von demokratischer Kontrolle befreit. Gleichzeitig erlegen sie Demokratien ihre eigenen Zwänge auf. Wenn der Kapitalfluss über die Grenzen hinweg sich kaum kontrollieren, geschweige denn eindämmen oder besteuern lässt, wird die Demokratie machtlos. Wenn Staatsausgaben sich selbst mit so opportunistischen Mitteln wie Inflation oder Staatsverschuldung nicht aufbringen lassen, sind die meisten Wahlversprechen per definitionem leere Versprechungen. Wenn die europäischen Märkte mit billigen, in Asien von unterbezahlten, schutzlosen Arbeitern produzierten Gütern geflutet werden, ist es für europäische Regierungen schwierig, einen gesetzlichen Mindestlohn für ihre heimischen Beschäftigten einzuführen. Wenn Unternehmen drohen, ihre Fabriken ins Ausland zu verlagern, sobald sie sich mit Druck von Gewerkschaften oder Steuererhöhungen konfrontiert sehen, bleibt demokratischen Regierungen nur wenig Handlungsspielraum.

Um reagieren zu können, muss die Demokratie Möglichkeiten besitzen, transnationale Märkte zu beeinflussen, wenn schon nicht zu kontrollieren. Zudem muss sie in einem Raum operieren, der der Größe der Märkte entspricht. Anders ausgedrückt: Es sollte eine passende transnationale öffentliche Autorität geben, um transnationale Märkte zu regulieren. Eben darum ging es bei der europäischen Integration, oder nicht?

Die EU sollte Europäern helfen, mit transnationalem Druck umzugehen. Durch territoriale Erweiterung und institutionelle Durchsetzung des Governance-Systems sollte sie europäische Bürger stärken. Leider hat sich herausgestellt, dass dies nicht geschehen ist. Durchgängig ist die EU stärker auf Forderungen der Wirtschaftslobbyisten eingegangen als auf die gewöhnlicher Bürger. Sie hat sich als »Trojanisches Pferd« erwiesen, das die fortwährende Vorherrschaft der Märkte über die Demokratie gestärkt hat.[15] Bereits 2001 kam es beim EU-Gipfel in Göteborg zu heftigen Zusammenstößen zwischen einer breiten Koalition von Gruppen, die in der EU einen undemokratischen Globalisierungsagenten sahen, und der Polizei, wobei ein Großteil der Altstadt verwüstet wurde. Nach 2008 wurde die EU zudem zur Geisel der mächtigsten Gläubigerstaaten, besonders Deutschlands. In vielen griechischen Städten verbrannten Demonstranten EU-Flaggen und zeigten Angela Merkel auf Plakaten mit Hitler-Bart.

Das Scheitern der EU, eine demokratische öffentliche Autorität auf transnationaler Basis zu schaffen, mag deine eigene Skepsis, Ralf, bestätigt haben. Du hast einst geschrieben: »Jenseits der Nationalstaaten finden wir keine Institutionen, die für die Demokratie geeignet sind.«[16] Die Demokratie, wie wir sie kennen, ist in einem Prozess der Staats- und Nationenbildung entstanden, die unter anderen Rahmenbedingungen schwer zu wiederholen ist. So kann das System demokratischer Repräsentation ohne ein klar umrissenes Staatsvolk (*demos*) kaum ordentlich arbeiten und einen solchen Demos haben wir jenseits der Nationalstaaten nicht.[17] Bestenfalls haben wir eine Ansammlung von Demen, die kein kohärentes Ganzes bilden.[18]

Zudem erfordert Demokratie nicht nur die Schaffung demokratischer Institutionen wie Parlamente, Wahlen oder Verfassungen, sondern auch territoriale Grenzen, die mit systemisch funktionalen Grenzen zusammenfallen und mit den konsolidierten soziopolitischen Hierarchien in den entsprechenden Bevölkerungen in Einklang stehen.[19] Das Letztere konnten nur Nationalstaaten erreichen und ohne sie bleiben demokratische Institutionen möglicherweise leere Hüllen, die ein falsches Gefühl demokratischer Normalität, aber kaum echte Legitimität vermitteln.

Wenn du recht hast, Ralf, sehe ich keine Zukunft mehr für die Demokratie. Es ist naiv, zu glauben, Nationalstaaten könnten das Rad der Geschichte zurückdrehen und wieder Kontrolle über transnationale Ströme von Kapital, Gütern, Arbeitskräften, Flüchtlingen,

Ideologien und Kommunikation erlangen. Glaubt wirklich jemand, dass Westminster nach dem Brexit den globalen Kapitalismus in den Griff bekommen wird? Ich frage mich sogar, ob Westminster die globalen Migrationsströme in den Griff bekommen wird. Selbstverständlich ist das kein Nullsummenspiel. Theresa May oder Boris Johnson werden argumentieren, eine gewisse Kontrolle über grenzüberschreitende Migration, Kommunikation und Handelsströme wiederzugewinnen, sei ein Erfolg für Westminster. Die Frage ist nur: um welchen Preis? Ihre Bemühungen mögen durchaus zu tiefgreifenden Konflikten führen, ohne adäquate Gewinne in der Abschwächung negativer Auswirkungen der Globalisierung und Regionalisierung zu erzielen. Die russischen und chinesischen Autokraten verfügen über mehr Mittel und Entschlossenheit, ihre Grenzen zu kontrollieren, sind aber ebenfalls nicht imstande, Kapitalflüsse und Internetinfiltration aufzuhalten. Transnationaler Handel und Kommunikation sind nicht nur eine Bedrohung für die Demokratie, sondern können auch einen erheblichen Gewinn darstellen. Viel hängt davon ab, ob sie zum Nutzen und unter der Aufsicht der Bürger erfolgen. Stärken sie die Bürger oder fesseln sie sie?

Wie stärkt man die Macht der Bürger?

Die liberale Elite der Post-1989-Ära nahm an, Governance sei eine Art aufgeklärter Verwaltung im Namen einer ignoranten Öffentlichkeit. Es gelang ihr nicht, sich von einer Politik und von Leuten zu trennen, die sich als ineffizient und zuweilen sogar als korrupt erwiesen hatten. Sobald sie von parteiischen Lobbyisten unter Druck gesetzt wurden, machten sie Zugeständnisse auf Kosten ihrer liberalen Prinzipien. Folglich erfüllte die Demokratie nicht mehr ihre legitimierende und repräsentative Funktion. Dadurch verlor sie nicht nur ihren Zweck, sondern auch ihren Reiz und verkam zu einer »durch allgemeine Wahlen legitimierten Oligarchie«.[20] Gegenwärtig erleben wir eine starke Konterrevolution mit dem Ziel, die liberale Demokratie abzuschaffen und durch eine neue, rätselhafte und vielleicht sogar beängstigende Regierungsform zu ersetzen.

Darin liegt eine Ironie der Geschichte, denn angeblich sollte die Revolution von 1989 jede Konkurrenz zur liberalen Demokratie beseitigt haben. Allerdings rechnete niemand damit, dass die Demokratie, wenn es ihr an ernsthafter Konkurrenz fehlt, bis zur Unkenntlichkeit degenerieren und in erster Linie zu einer Verfahrensübung ohne politische Substanz, historische Erinnerung und ethische Ausrichtung verkommen würde. Sie wurde zu einem formalen Deckmantel für äußerst komplexe globale Operationen, die weitgehend unerklärlich, wenn nicht gar geheim sind. Das haben konterrevolutionäre Politiker geschickt ausgenutzt.

Die Demokratie war bei den Regierenden wie auch bei den Regierten immer schon umstritten und so dürfen wir wohl von einer permanenten Krise der Demokratie reden. Ohne solche Krisen mag es keine demokratischen Fortschritte geben. In diesem Sinne hat das konterrevolutionäre Streben nach einer inklusiveren Demokratieform durchaus etwas Positives. Die gegenwärtige Krise der Demokratie erwächst teils aus der Erosion der Hauptsäulen parlamentarischer Repräsentation, teils aber auch aus der Erosion der wesentlichen demokratischen Einheiten: der Nationalstaaten. Globalisierung und Interdependenz haben nicht nur die Fähigkeit (und den Wunsch) der Nationalstaaten untergraben, den Fluss von Gütern, Geld, Dienstleistungen und Menschen zu kontrollieren, sondern auch die europäischen Demen verändert. Sie sind zunehmend pluralistisch, multikulturell und komplex. Politische Loyalitäten und kulturelle Identitäten sind immer stärker transnational. Die digitale Revolution bietet neue Wege öffentlicher Beratung und Teilhabe. In dem Maße, wie Verwaltungsgrenzen, militärische Grenzen, kulturelle Merkmale und Netzwerke der Markttransaktion immer weiter auseinanderklaffen, sind wir aufgefordert, wenn nicht gar gezwungen, das Verhältnis von *demos, telos* und *kratos* zu überdenken.[21]

Demokratie war nie statisch, sondern konnte sich als Reaktion auf materiellen und ideologischen Druck anpassen. Im ausgehenden 19. Jahrhundert waren viele parlamentarische Regierungen noch immer von ihren lokalen Monarchen abhängig, Wahlen waren alles andere als frei und das Wahlrecht eingeschränkt. In Frankreich und Belgien erhielten Frauen erst nach dem Zweiten Weltkrieg das Wahlrecht. Es gibt keinen Grund zu der Annahme, die Demokratie könne sich nicht erneut wandeln, auch wenn wir die Richtung dieser Veränderung noch nicht kennen. Gegenwärtig werden immer mehr Entscheidungen, die nationale Wählerschaften betreffen, von diversen supranationalen Gremien und globalen wirtschaftlichen, regulatorischen Netzwerken oder sogar Gerichten gefällt. Das hat zu Forderungen nach einer neuen Art kosmopolitischer Demokratie geführt.[22] Solche Forderungen sind zwar verlockend, aber schwer umzusetzen. Die Schaffung einer Demokratie auf europäischer Ebene erschien im Vergleich zu einer weltweiten Demokratie als bescheidenes Ziel, doch die Ergebnisse waren enttäuschend.

Dennoch wird eine Rückkehr zu Nationalstaaten die Demokratie nicht retten; sie kann nur überleben oder sogar gedeihen, indem sie sich an die neue Welt wechselseitiger Abhängigkeiten anpasst. Die EU scheiterte, weil sie sich nie vollständig für die Demokratie entschied, nicht weil Demokratie jenseits von Nationalstaaten unmöglich wäre. Es gibt keinen Grund, zu glauben, die Menschen würden ihren Kampf für politische und wirtschaftliche Rechte jemals aufgeben. Und falls doch, werden sie nach neuen Wegen suchen, transnationale Akteure unter irgendeine Form von öffentlicher Kontrolle zu bringen.

In der Demokratie muss es nicht in erster Linie um nationale Repräsentation gehen, es kann auch um transnationale Auseinandersetzungen und unmittelbare Teilhabe gehen, möglicherweise mithilfe des Internets. Demokratie muss sich nicht auf Staaten beschränken. Städte und Regionen sind bereits tragfähige demokratische Einheiten; auch innerhalb multinationaler Unternehmen und internationaler Organisationen findet ein Ringen um Demokratie statt. Das Entscheidende ist nicht, einen globalen oder regionalen Superstaat mit staatsähnlichen demokratischen Institutionen zu schaffen, sondern das dichte Geflecht globaler Netzwerke transparenter, verantwortungsvoller und zugänglicher für das uralte Streben der Menschen nach Freiheit und Gleichheit zu machen.

Dieser Vorschlag mag derzeit komplex und untauglich erscheinen, aber die Geschichte der Demokratie zeigt, dass es keine einfachen, schnellen Lösungen für die Ermächtigung des Volkes gibt. Ein gutes Beispiel sind die jüngsten Referenden. Angeblich lassen diese Volksabstimmungen die Bürger über die wichtigsten Fragen entscheiden, in Wirklichkeit haben sie jedoch etwas von einem Festival politischer Torheit, dominiert von groben, konstruierten Argumenten. Das gilt besonders für Referenden, die komplexe, stark politisierte Fragen und nicht praktische, mit der Alltagserfahrung der Bürger verbundene Probleme betreffen. (In der Schweiz fallen die meisten Referenden in diese letztere Kategorie.) Die Frage: »Sollte das Vereinigte Königreich Mitglied der Europäischen Union bleiben oder die Europäische Union verlassen?«, erfordert Kenntnisse, Erwägungen und Entscheidungen anderer Art als die Frage: »Sollte der Autoverkehr in unserer mittelalterlichen Innenstadt eingeschränkt werden?« Im ersten Fall hat ein schlichtes Ja oder Nein tiefgreifendere und weitgehend unabsehbare Folgen als im zweiten Fall. Außerdem lässt eine Volksabstimmung keinen Raum für Mediation und Kompromisse zwischen den Konfliktparteien. Die unterlegene Minderheit, so groß sie auch sein mag, kann mit der siegenden Mehrheit, so klein sie auch sein mag, kaum in Einklang gebracht werden. Bei jedem Referendum gewinnt die siegende Mehrheit alles, während die unterlegene Minderheit alles verliert. Kein Wunder, dass manche Demokratieexperten befürchten, ein solcher »unmittelbarer Nullsummen-Entscheidungsmechanismus« könne durchaus zu einer »Tyrannei der Mehrheit« führen.[23]

Noch problematischer ist die Situation, wenn nur ein Teil der europäischen Wählerschaft über Angelegenheiten abstimmen kann, die Europa als Ganzes betreffen. In letzter Zeit gab es vier solcher Referenden: Eines bat die Griechen um Unterstützung für das von ihrer Regierung mit den europäischen Gläubigern ausgehandelte Abkommen, ein zweites fragte die niederländischen Bürger, ob sie dem Assoziierungsabkommen zwischen der EU und der Ukraine zustimmten, ein drittes fragte die britischen Bürger, ob sie in der EU bleiben oder diese verlassen wollten, und in einem vierten sollten die Ungarn entscheiden, ob man verbindliche EU-Quoten für die Verteilung von Migranten akzeptieren solle. In all diesen Fällen konnte die siegende, häufig knappe Mehrheit in einem einzigen Land eine Politik beeinträchtigen, die in zahlreichen anderen europäischen Ländern eine überwältigende Unterstützung fand. Ist das nicht ein eindeutiges Beispiel für eine Minderheitentyrannei?

Ein institutionelles Instrument, das Konflikte schafft, Demagogie, Hypes und Meinungsmache belohnt und statt fairer und wirklichkeitsgetreuer bloß rein zufällige Ergebnisse zeitigt, kann wohl kaum als demokratisch und das Volk ermächtigend gelten. Wir müssen nach effizienteren, klügeren Wegen suchen, die dem Volk in diesem von immer stärkeren wechselseitigen Verknüpfungen geprägten regionalen und globalen Rahmen Mitbestimmung sichern. Das ist natürlich leichter gesagt als getan, dennoch müssen wir uns weiter darum bemühen.

Kapitel 4

Sozialismus für die Reichen

Früher sorgten europäische Volkswirtschaften für Wachstum und soziale Gerechtigkeit, davon haben wir in den letzten Jahren jedoch wenig gesehen. Vor der Finanzkrise 2008 ließ sich noch argumentieren, Europa sei auf dem Weg, eine weltwirtschaftliche Supermacht zu werden, die viele mit Bewunderung, Sehnsucht und Neid erfüllte. In der Verlagsankündigung zu Jeremy Rifkins Buch *The European Dream* heißt es:

> Europa hat eine neue Dominanz erlangt, und zwar nicht etwa, indem es zielstrebig die Aktienkurse in die Höhe getrieben, Arbeitszeiten verlängert und jeden Haushalt in die heikle Lage der Doppelverdiener gedrängt hätte. Vielmehr setzt das neue Europa auf Marktnetzwerke, die Kooperation über Wettbewerb stellen; es fördert eine neue Sicht der Bürgerschaft, die das Wohl der gesamten Person und der Gemeinschaft statt des dominanten Individuums feiert; und es erkennt die Notwendigkeit von spielerischer Entfaltung und Freizeit an, um bessere, produktivere und gesündere Arbeitskräfte hervorzubringen.[1]

Aber innerhalb weniger Jahre lösten pessimistische Äußerungen und Untergangsgerede diese enthusiastische Einschätzung ab. François Heisbourg verkündete das »Ende des europäischen

Traums«, Anthony Giddens bezeichnete Europa als »turbulenten Kontinent« und George Soros sprach von Europas »Tragödie«.[2]

Diese düstere Stimmung erwuchs großenteils aus der tiefgreifenden Krise der europäischen Gemeinschaftswährung, aber der Euro war nur ein Stützpfeiler der liberalen Wirtschaftsmythologie, die durch den Finanzcrash entlarvt wurde. Weitere Säulen dieser Mythologie behaupteten, Märkte seien rational, Ungleichheit fördere Effizienz, Banken seien verantwortungsvolle Akteure und Privatisierung und Marktöffnung des öffentlichen Sektors würden diesen florieren lassen.

Das war weder beabsichtigt noch erwartet worden. Die Revolution von 1989 sollte kommunistische Geister angeblich ein für alle Mal gebannt haben. Privatisierung und Deregulierung sollten die Bürger von irregeleiteter zentraler Planung und einem unterdrückerischen Staat befreien. Der freie Markt sollte Bürger ermächtigen und ihnen helfen, unternehmerische Fähigkeiten zu entwickeln. Sozialpolitik sollte tatsächlich verwirklicht und nicht nur deklaratorisch behauptet werden. In deinen *Betrachtungen über die Revolution in Europa* lobtest du mittel- und osteuropäische Verfechter der freien Märkte – Leszek Balcerowicz und Václav Klaus – und mahntest deinen polnischen Freund zur Geduld, da es einiger Mühen bedürfe, bis Polen eine soziale Marktwirtschaft nach dem in deinem Heimatland Deutschland von Ludwig Erhard und Alfred Müller-Armack entworfenen und umgesetzten Vorbild aufbauen werde. Balcerowicz und Klaus haben in ihrem jeweiligen Land tatsächlich einen freien Markt geschaffen, aber die sozialen Aspekte vernachlässigt und, wie manche wohl behaupten würden, beseitigt.

Die liberale oder, wie sie meist genannt wird, neoliberale wirtschaftliche Revolution mag sich in Mittel- und Osteuropa schneller und vielleicht brutaler vollzogen haben, wurde aber nicht dort erfunden. Balcerowicz und Klaus ahmten lediglich Ronald Reagan und Margaret Thatcher nach, die in den achtziger Jahren massive

Deregulierung, Privatisierungen, Steuersenkungen für die Reichen, Outsourcing und Wettbewerb im öffentlichen Dienst initiiert hatten. Schon bald übernahmen Europas Sozialisten, vor allem Tony Blair und seine New Labour Party, diese Politik. Der Internationale Währungsfonds, die Weltbank, die Europäische Kommission und die Welthandelsorganisation zogen nach. Der Neoliberalismus wurde zu einem neuen dominanten Wirtschaftsparadigma, zu dem keine Konkurrenz in Sicht ist.

Allerdings wurde die soziale Markwirtschaft nicht aufgegeben und sei es auch nur, weil die europäische Öffentlichkeit vielleicht anders als die amerikanische sehr am öffentlichen Gesundheits-, Bildungs- und Verkehrswesen hängt. Staatliche Unterstützung für Bedürftige ist in Europa weithin akzeptiert. All das erfordert eine Besteuerung und Umverteilung nach gemeinsam vereinbarten Regeln. Die neue liberale Rhetorik in Europa behauptete jedoch, Sozialismus könne Hand in Hand mit dem Kapitalismus gehen, der Privatsektor könne öffentliche Aufgaben zuweilen besser als der Staat erfüllen und die Marktöffnung fördere Wachstum und Effizienz, was nicht nur den Reichen, sondern auch den Armen nütze. Das war der Kern des »Dritten Wegs«, den die meisten linken Parteien einschlugen. Christdemokraten und konservative Liberale mögen für den Sozialismus weniger übriggehabt haben, glaubten aber, der Kapitalismus solle in gewissem Maße barmherzig sein, und trieben die Agenda des freien Marktes nicht so vehement voran wie Reagan und Thatcher. Der populäre Slogan auf dem europäischen Kontinent lautete immer, Europa solle nicht den Washington-Konsens, sondern den Stockholm-Konsens übernehmen, der Produktivität mit großzügigen Sozialleistungen verbindet.

Heute kommen wir nicht um die Feststellung herum, dass die soziale Marktwirtschaft in ganz Südeuropa in Trümmern liegt und selbst in so tüchtigen Ländern wie Deutschland und Schweden stark verwässert ist. Die Ungleichheit innerhalb und zwischen den

Staaten wächst und eine Kehrtwende ist nicht in Sicht. Öffentliche Mittel werden hauptsächlich eingesetzt, um großen multinationalen Banken zu helfen, nicht aber als Starthilfe für Kleininvestoren oder Forscher, die neue Technologien entwickeln. Steueroasen werden toleriert, während man staatliche Renten und Pensionen kürzt.[3] Staaten sind offenbar fest entschlossen, beim Arbeitslosengeld rigoros durchzugreifen, nicht aber bei den enormen Bonuszahlungen an Manager. Null-Stunden-Verträge breiten sich aus und Gewerkschaften werden als schädliche Relikte der Vergangenheit hingestellt.

Karl Marx muss sich in seinem Grab ins Fäustchen lachen. Die Allianz der Märkte mit dem Staat hat Sozialismus für die Reichen und Kapitalismus für die Armen hervorgebracht. In den meisten europäischen Ländern ist soziale Marktwirtschaft mittlerweile eine leere Phrase. Die antiliberalen Kräfte versprechen zwar, eine gewisse soziale Gerechtigkeit wiederherzustellen, aber der Schaden scheint irreparabel zu sein. Angesichts hoher Staatsverschuldung und geringen Wirtschaftswachstums ist eine spürbare Umverteilung schwierig.[4]

Von Krise zu Krise

Europäische Politiker behaupteten immer, Europa gehe aus jeder Krise gestärkt hervor. Aber diesmal sehen wir uns mit vielfältigen Krisen konfrontiert, die sich gegenseitig verstärken und für die keine plausible Lösung ersichtlich ist. Die Liste der Krisen wird immer länger. Wir haben eine Bankenkrise, eine Schuldenkrise, eine Währungskrise, eine Wachstumskrise, eine Ungleichheitskrise, eine Krise des Zusammenhalts, eine Krise der Arbeit und vor allem eine Krise der Vorstellungskraft, die bedeutet, dass wir keine Ahnung haben, wie wir Europas Volkswirtschaften aus dem gegenwärtigen Schlamassel herausholen können. Kritiker der neoliberalen Torheiten empfehlen eine Rückkehr zur keynesianischen Wirtschaftspolitik, basierend auf einer Mischung aus finanz- und geldpolitischen Maßnahmen – vor allem niedrige Zinsen und staatliche Infrastrukturinvestitionen. Aber können Rezepte, die zu Beginn des 20. Jahrhunderts wirkungsvoll waren, den Patienten zu Beginn des 21. Jahrhunderts heilen? Zurzeit von John Maynard Keynes hatten Finanzdienstleistungen, Globalisierung und Klimawandel eine andere Größenordnung und erforderten andere Lösungen. So stimuliert der Keynesianismus Konsumentennachfrage und Wirtschaftswachstum, die jedoch beide zu Umweltzerstörung führen. Zudem erfordert er das Vorhandensein starker Staaten. Aber Globalisierung und neoliberale Reformen haben die regulatorischen Möglichkeiten der Nationalstaaten erheblich reduziert, ohne transnationale öffentliche Institutionen zu schaffen, die diese Lücke schließen würden. Vom Letzteren zeugt das Unvermögen der EU, die Währungs- und Fiskalkrise in ihrem Territorium einzudämmen. Das Erstere belegt der Transfer griechischer »Souveränitätsrechte« auf ein Gläubigerkonsortium.

All diese Krisen unterscheiden sich in ihrer Chronologie, Intensität, Geografie und Beschaffenheit, sind aber durchweg überwältigend. Fangen wir mit der Krise des Bankensystems an, das häufig als Hauptstütze des Kapitalismus gilt. Der Zusammenbruch und die anschließende Verstaatlichung der Northern Rock Bank durch die britische Regierung 2007/2008 war das erste Anzeichen dieser Krise. Seitdem sind zahlreiche Banken in Europa zahlungsunfähig geworden und haben Hilfe ihres jeweiligen Staates in Anspruch genommen. Die Monte dei Paschi di Siena, die Ende 2016 vom italienischen Staat gerettet wurde, hat seit 1472 allerhand widrige wirtschaftliche Phasen überlebt. Sie ist die älteste Bank der Welt, daher ist ihre derzeitige missliche Lage äußerst bezeichnend. Ebenso aufschlussreich sind Gerüchte über eine drohende Insolvenz der Deutschen Bank und der Société Générale. Ihr Zusammenbruch würde das gesamte europäische Bankensystem lahmlegen – wahrhaftig eine düstere Aussicht. Es hat keinen Sinn, sich die schlimmsten Szenarien auszumalen, aber angesichts der Tatsache, dass in den vergangenen zehn Jahren Billionen Euro und Pfund in die Stabilisierung der Banken geflossen sind, wird es dich, Ralf, kaum wundern, dass die europäischen Wähler recht unzufrieden sind und nach neuen Politikern Ausschau halten, die bei den Banken aufräumen. Schließlich kam das Geld für die Banken in Form von direkten Finanzhilfen, Sicherungsleistungen und billigen Finanzierungen aus den Taschen der Steuerzahler. Hilfe für die Banken bedeutete weniger Geld für die Sozialpolitik und eine stetig wachsende Staatsverschuldung, was mich zur nächsten schweren Krise bringt.

Die Staatsverschuldung einiger europäischer Staaten ist in den letzten Jahren sprunghaft angestiegen. Manche (wie Griechenland, Portugal, Irland, Spanien und Zypern) konnten ihre Staatsschulden nicht mehr zurückzahlen oder refinanzieren und die ihrer Aufsicht unterstellten überschuldeten Banken nicht retten, ohne auf die Unterstützung Dritter zurückzugreifen, also auf die Hilfe anderer Länder der Eurozone, der Europäischen Zentralbank (EZB) oder des Internationalen Währungsfonds (IWF). Italien konnte zwar seine Staatsschulden, die sich 2015 auf 132 Prozent des BIP beliefen, bedienen, musste den einfachen Bürgern dafür aber enorme Opfer abverlangen. Selbst Deutschlands Staatsverschuldung liegt bei 70 Prozent des BIP und ist seit den frühen neunziger Jahren um 30 Prozent gestiegen. Die Gründe für die wachsende Verschuldung variieren von Land zu Land ebenso wie die jeweiligen Fähigkeiten, sie zu bedienen. Gleichwohl stellen die angehäuften Staatsschulden in ganz Europa Regierungen vor schwierige Haushaltsentscheidungen.

Mittlerweile lässt vieles darauf schließen, dass Austeritätspolitik die wirtschaftliche Erholung behindert; dennoch wird »Helikoptergeld«, das manche Wirtschaftsexperten empfehlen, nicht zwangsläufig Wachstum generieren.[5] Europa hat seit den frühen neunziger

Jahren trotz zahlreicher wirtschaftlicher Stimuli, von denen manche für den gegenwärtigen Verschuldungsgrad verantwortlich waren, kaum Wachstum erlebt. Genauer: Von 1995 bis 2016 lag die Wachstumsrate des BIP in der Eurozone bei durchschnittlich 0,37 Prozent, erreichte in der zweiten Hälfte 1997 einen Höchststand von 1,30 Prozent und im ersten Quartal 2009 ein Rekordtief von –3 Prozent.[6] Eindeutig stehen hinter Europas schleppendem Wachstum andere als fiskalpolitische Faktoren.

Eine gute Wachstumsrate verhindert allerdings nicht die Entstehung einer Konterrevolution, wie das Beispiel Polens zeigt. In den letzten zehn Jahren ist das polnische Bruttoinlandsprodukt um mehr als 20 Prozent gewachsen, dennoch brachten die Wähler 2015 eine Regierung an die Macht, die mit einem antiliberalen Programm antrat und eine grundlegende Wende in der Wirtschaftspolitik versprach. Die Schlüsselfaktoren für dieses scheinbar irrationale Wahlverhalten waren die Krise der Arbeit und die Ungleichheit. Polens Arbeitslosenrate von etwa acht Prozent nimmt sich im Vergleich zu der spanischen von etwa 19 Prozent vergleichsweise gut aus. Allerdings liegt Polen bei prekären Arbeitsverhältnissen ganz vorn, also bei Null-Stunden-Verträgen, die Beschäftigten keinerlei Arbeitsplatzsicherheit und Sozialleistungen bieten.[7] Auch bei den Einkommensunterschieden steht Polen an der Spitze; die bestbezahlten zehn Prozent der Beschäftigten verdienten mindestens doppelt so viel wie die am schlechtesten bezahlten zehn Prozent in Schweden und annähernd fünfmal so viel wie die entsprechende Gruppe in Polen.[8] Die Wähler entschieden sich 2015 eindeutig aufgrund ihrer wirtschaftlichen Alltagserfahrung und ignorierten die von der liberalen Elite verbreiteten rosigen Wachstumsstatistiken.

Es bedarf keiner Erwähnung, dass Griechenland Probleme einer völlig anderen Größenordnung hat: In den letzten zehn Jahren ist das Bruttoinlandsprodukt des Landes um über 20 Prozent gesunken; die Arbeitslosigkeit liegt bei etwa 25 Prozent (die Jugendarbeitslosigkeit bei 50 Prozent) und die Staatsverschuldung hat 181 Prozent des BIP erreicht. Der Fall Griechenlands zeigt, dass Ungleichheit innerhalb der Staaten Hand in Hand geht mit Ungleichheit zwischen den Staaten Europas. Das mag nicht erstaunlich sein, aber seit dem Ausbruch der Finanzkrise 2008 sind die Diskrepanzen rapide gewachsen. So lag die Arbeitslosigkeit in Spanien vor einigen Jahren noch auf einem ähnlichen Stand wie in Deutschland. Heute hat Spanien fünfmal so viele Arbeitslose wie Deutschland. Griechenland und Zypern sind keine souveränen Staaten mehr, sondern halbe Protektorate unter der Leitung eines Konsortiums von Gläubigerstaaten, die von IWF und der Eurogruppe repräsentiert werden.

Das bringt uns zur Krise der europäischen Gemeinschaftswährung, des Euro. Der Euro sollte den wirtschaftlichen Wohlstand seiner Mitgliedsstaaten mehren, erreichte aber das Gegenteil; innerhalb der Eurozone ist die Stagnation größer als außerhalb. Zudem sollte der Euro für eine stärkere Konvergenz zwischen den Mitgliedsstaaten sorgen, doch auch in dieser Hinsicht erreichte er das Gegenteil: Er verstärkte die Kluft und die Konflikte zwischen den Überschuss- und Defizitländern, den Import- und Exportländern und zwischen Nord und Süd. Trotz der drei aufeinanderfolgenden Rettungspakete glaubt kaum jemand, dass Griechenland seine Schulden jemals zurückzahlen wird, und dennoch halten sowohl Griechenland als auch seine Gläubiger an diesem undurchführbaren Arrangement fest, weil sie befürchten, der Ausschluss Griechenlands aus der Eurozone könne einen Dominoeffekt auslösen, der nicht nur den Euro und Griechenland, sondern die gesamte EU zerstören würde. (In absoluten Zahlen ist Griechenlands Staatsverschuldung gegenwärtig mehrere Milliarden Euro niedriger als vor sechs Jahren, aber wegen des wirtschaftlichen Zusammenbruchs ist die Verschuldungsquote dennoch von 113 auf 181 Prozent des BIP gestiegen.)

Sowohl in den Gläubiger- als auch in den Schuldnerländern ist die Öffentlichkeit mit der gegenwärtigen Situation unzufrieden und gibt den Liberalen die Schuld.[9] In den verschuldeten Ländern ist die Bevölkerung wütend über das Diktat der Gläubiger, die sie vor allem zu schmerzlichen Kürzungen bei den Sozialausgaben zwingen. Aber auch in den Gläubigerländern ist die Öffentlichkeit nicht glücklich über die Lage. Rettungsprogramme sind teuer und bieten keine Aussicht auf Rückzahlung der Schulden. Man wirft den Schuldnerländern vor, sie lebten über ihre Verhältnisse und hätten die Bücher gefälscht. Dagegen weisen die Schuldnerländer darauf hin, dass nicht sie, sondern Frankreich und Deutschland das dysfunktionale Währungsabkommen erfunden hätten. Außerdem betonen sie, Deutschland habe von der Krise profitiert und nicht seinen angemessenen Beitrag geleistet, um die Verlierer des gemeinsamen Binnenmarktes und der Gemeinschaftswährung zu entschädigen.

Wie immer ist die Wirklichkeit komplexer als simple Klischees. Im Gegensatz zu Italien und Griechenland hatten Spanien und Irland vor der Finanzkrise eine moderate Staatsverschuldung, daher kann man ihnen nicht vorwerfen, sie hätten über ihre Verhältnisse gelebt; ihr Problem war vielmehr eine Immobilienblase, was auf Marktversagen oder die Gier der Bauunternehmer hindeutet. Ungleichheit wird durch viele verschiedene Faktoren verursacht; es wäre allzu vereinfachend, zu glauben, es gebe Ungleichheit, weil manche Leute eine protestantische Arbeitsethik besäßen, während andere dem Müßiggang frönen. Der Euro mag schlecht konstruiert gewesen sein, aber vor der Finanzkrise, die ihren Ursprung in New York, nicht etwa in Frankfurt oder Brüssel hatte, funktionierte er gut. Griechische Banken mögen durchaus schlecht geführt worden sein, aber sie waren nicht dafür verantwortlich, dass Griechenlands Staatsschuldenlast untragbar und das Land zum verlockenden Spekulationsobjekt wurde. Großzügige Sozialausgaben haben Schweden und Finnland nicht gehindert, Meister der Arbeitsproduktivität zu sein. Und Rumäniens niedrige Sozialausgaben haben die Produktivität des Landes nicht spürbar erhöht. Wirtschaftswissenschaftler versuchen, verschiedene Teile des Puzzles zu erklären, aber wenn man mich nach dem Hauptfaktor fragt, der hinter der Krisenserie steht, mit der Europa derzeit konfrontiert ist, so sticht vor allem einer heraus: der wirtschaftliche Neoliberalismus.

Neoliberale Revolution

Du, Ralf, wärst sicher überrascht, zu sehen, dass der Neoliberalismus am Beginn des 21. Jahrhunderts als Synonym für liberale Politik steht. Für Liberale wie dich war der Neoliberalismus lediglich eine kleine fundamentalistische Sekte in der großen liberalen Familie. Du hast sogar Friedrich Hayek, den bekanntesten Vertreter des Neoliberalismus, mit Karl Marx verglichen: »Wie Marx kennt Hayek alle Antworten. [...] Hayek ist ein Alles-oder-Nichts-Theoretiker, was [...] aber gefährlich, wenn nicht gar verderblich wird in der Welt realer politischer Konflikte.«[10] Es ist mir schleierhaft, wie man ein dogmatischer, fundamentalistischer Liberaler sein kann. Geht es im Liberalismus nicht gerade um Entscheidungsfreiheit, die an sich schon Toleranz und Flexibilität erfordert?

Aber es war Hayek, nicht aufgeschlossene Sozialliberale wie du, Ralf, der die Herzen von Ronald Reagan und Margaret Thatcher eroberte. Sie nutzten die Macht ihres Amtes, um eine dramatische, du würdest vielleicht sagen doktrinäre Neuordnung nicht nur des Wirtschaftssystems, sondern der kapitalistischen Gesellschaft durchzusetzen. Heutzutage behaupten die meisten Mainstream-Politiker, Journalisten und Banker, es gebe keine Alternative zur Lehre des freien Marktes, des Freihandels, der Wahlfreiheit, des freien Wettbewerbs und der freien Gemeinschaft. Alles andere nennen sie irrational, unverantwortlich und sinnlos. Auf diese Weise konnten Neoliberale den Normalitätsbegriff so definieren, dass er die perfekte

Definition der ideologischen Dominanz liefert, die den Finanzcrash überlebt hat, ohne dass sinnvolle Alternativen in Sicht wären.

Das Repertoire neoliberaler Politik ist bekannt: Privatisierung und Marktöffnung öffentlicher Dienste wie Energie- und Wasserversorgung, Eisenbahnen, Gesundheit- und Bildungswesen, Straßen und Gefängnisse; Beseitigung oder Abbau staatlicher Regulierung so lebenswichtiger Wirtschaftsbereiche wie Handel, industrieller Wettbewerb, Finanzdienstleistungen, Kommunikation, Energie, Gesundheitswesen und Umweltschutz; Steuersenkungen, vor allem für Großunternehmen und Duldung von Steuerschlupflöchern; Senkung der Sozialleistungen und strenge Bedürftigkeitsprüfungen für Gruppen, die Anspruch auf staatliche Hilfe haben, wie Arbeitslose, Behinderte, Obdachlose und Alleinerziehende.

In der neoliberalen Ära konnte man mit Geld nahezu alles kaufen, auch ein Dinner für Ferrari-Kunden auf der Ponte Vecchio in Florenz. Geld wurde zu einer Grundvoraussetzung für die Arbeit »respektabler« Nichtregierungsorganisationen und sozialer Proteste. Selbst die gegen Konzerne gerichtete Occupy-Wall-Street-Bewegung nahm Spenden von Wirtschaftsführern und prominente NGOs gingen offizielle Partnerschaften mit multinationalen Konzernen ein.[11] Oxfam tat sich mit Nokia und Marks & Spencer zusammen und Greenpeace mit Unilever und Coca-Cola.

Der Privatsektor dehnte sich auf Kosten des öffentlichen Sektors erheblich aus; in der Regel wurden Profite privatisiert, während die Risiken beim Staat verblieben. Die Trennung zwischen öffentlicher und privater Sphäre wurde effektiv verwischt und mittlerweile fließen öffentliche Gelder an Akteure und in Anliegen mit zweifelhaften öffentlichen Referenzen. Laut dem britischen Rechnungshof (National Audit Office) geht inzwischen etwa die Hälfte der öffentlichen Ausgaben für Güter und Dienstleistungen an private Vertragspartner, von denen manche dem Staat helfen, Sozialausgaben zu reduzieren oder die Deregulierung von Handel und Finanzdienstleistungen voranzutreiben.

Obwohl Friedrich Hayek in seinem viel gelobten Buch *Der Weg zur Knechtschaft* versicherte, »daß Sozialismus Sklaverei bedeutet« und staatliche Intervention durch Unterdrückung des Individualismus zu totalitärer Kontrolle führen könne, erwies sich die Politik seiner Anhänger als nuancierter oder, wenn man so will, als heuchlerischer.[12] Tatsächlich sind heutige Neoliberale alarmiert, wenn der Staat Rentnern und Arbeitslosen hilft, aber zufrieden, wenn er scheiternde Banken und ineffiziente Automobilhersteller unterstützt. Sie sind gegen die staatliche Finanzierung öffentlicher Schulen und Krankenhäuser, aber für staatliche Unterstützung privater Schulen und Krankenhäuser. Ständig verlangen sie staatliche Intervention zur Förderung des neoliberalen Wirtschaftsmodells und beschweren sich, wenn der Staat zu schwach ist, um ihren Forderungen nachzukommen. Mit anderen Worten, die neoliberale Verurteilung staatlicher Einmischung in Märkte und seiner Förderung der Umverteilung ist recht selektiv. Owen Jones fasst treffend zusammen, was Neoliberale vorschlagen: »Sozialismus für die Reichen: Friss-oder-stirb-Kapitalismus – und Essenstafeln – für die Armen [...]. Während die Finanzelite darauf zählen konnte, dass der Staat ihnen zu Hilfe eilen würde, bekamen diejenigen, die wegen ihrer Gier zu leiden hatten, den kalten Wind des Laissez-faire zu spüren.«[13]

Die »natürlichen« Folgen einer solchen Politik sind kaskadierende Ungleichheiten bei der Wohlstands- und Chancenverteilung in sämtlichen europäischen Staaten. Gegenwärtig herrscht sogar unter den Wirtschaftsführern, die sich in Davos treffen, Sorge über Ungleichheiten und Thomas Pikettys über achthundert Seiten starkes Buch mit 94 Diagrammen wurde zum Bestseller.[14] Über viele Jahre hinweg haben Neoliberale Ungleichheiten jedoch toleriert, rationalisiert und manchmal sogar gefördert. Hinzu kommen Ungerechtigkeiten aufgrund von Schichtzugehörigkeit, Gender und ethnischer

Zugehörigkeit, wirtschaftliche Ausbeutung im In- und Ausland, Korruption und Geldwäsche – allesamt Teil des neoliberalen Erbes. Ob diese Ungleichheiten als ungewollte Begleiterscheinung oder geplant entstanden sind, ist eine Frage, über die man diskutieren kann und die wahrscheinlich nicht so bald entschieden sein wird.

Mittlerweile kennen wir auch die selektive Bedeutung der Freiheit, für die Neoliberale eintreten. George Monbiot erfasste sie treffend in seiner Kritik des Neoliberalismus: »Freiheit von Gewerkschaften und Kollektivverhandlungen bedeutet die Freiheit, Löhne zu drücken. Freiheit von Regulierung bedeutet die Freiheit, Flüsse zu vergiften, Arbeiter zu gefährden, ungeheure Zinsen zu verlangen und exotische Finanzinstrumente zu erfinden. Freiheit von Steuern bedeutet die Freiheit von der Verteilung des Wohlstands, die Menschen aus der Armut holt.«[15] Kann man solche Freiheitsdefinitionen als liberal bezeichnen?

Bereits vor der Finanzkrise von 2008 warf Susan Strange der neoliberalen Wirtschaft Kasinokapitalismus vor.[16] Nach dem Zusammenbruch 2007 hielt Naomi Klein der neoliberalen Wirtschaft vor, sie habe einen Katastrophenkapitalismus geschaffen.[17] Welchen Namen man dieser Art von Ökonomie auch geben mag, wir wissen, dass sie gewöhnliche Steuerzahler Billionen Euro, Dollar und Pfund gekostet hat, die in Pleitebanken und andere schlecht funktionierende Unternehmen investiert wurden. Die Arbeitslosen, Unterbezahlten und Nichtversicherten zeigen den wahren Preis dieser Politik ebenso wie bankrotte Städte, Regionen und sogar Staaten, heruntergekommene Schulen, unterfinanzierte Krankenhäuser, überfüllte Gefängnisse, marode Straßen und einstürzende Brücken.[18]

Naomi Klein hatte mit ihrer Feststellung recht, dass die Gier nach kurzfristigen Profiten, die sich durch spekulative Investitionen boten, die Aktien-, Devisen- und Immobilienmärkte in Krisenschaffungsmaschinen verwandelt hat. Der Zusammenbruch von 2008 war nicht etwa das Ergebnis von Inkompetenz oder Missmanagement, sondern die logische Folge eines Systems, das harten Wettbewerb verherrlicht, staatliche Intervention verteufelt und weitverbreitete Ungleichheiten rechtfertigt. Es bedarf nicht einmal des Zusammenbruchs von 2008, um den neoliberalen Trugschluss erkennbar zu machen. Wie Joseph Stiglitz feststellte, verlangsamte sich das Wirtschaftswachstum tatsächlich, »als die Spielregeln neu geschrieben wurden, um die Banken und Großunternehmen – die Reichen und Mächtigen – auf Kosten aller übrigen zu begünstigen«.[19] Selbst der IWF räumte ein, dass eine geringere Nettoungleichheit eine hohe Korrelation zu schnellerem und dauerhafterem Wachstum aufweist.[20] So viel zur Effizienz und Klugheit neoliberaler freier Märkte.

Gekaufte Zeit

Warum hat man nach der Krise 2008 den Neoliberalismus nicht aufgegeben? Warum haben Liberale zugelassen, dass konterrevolutionäre Bewegungen die Führung der wütenden, verarmten Wähler gegen die neoliberale Torheit übernehmen? Die linken Bewegungen wie Syriza und Podemos waren schon immer gegen Globalisierung und Großkonzerne, aber die rechten wie Front National, Fidesz und PiS sind ohne sonderliches wirtschaftliches Erbe oder Fachwissen auf den Zug öffentlicher Wut aufgesprungen. Marine Le Pen und Jarosław Kaczyński als prominente Verteidiger sozialer Gerechtigkeit und Verfechter einer wirtschaftlichen Erneuerung zu erleben, ist ein Paradox der Geschichte.

Marxisten würden behaupten, Leute mit Geld könnten die Politik immer manipulieren und, wenn wir sehen, dass große Parteien Geld von einigen der größten Steuervermeider nehmen, sind wir versucht, ihnen zu glauben.[21] Zudem finanzierten diejenigen, die Geld hatten, Propagandaapparate, die neoliberale Tugenden verherrlichten und deren Mängel kaschierten. Allerdings ist es nicht einfach, die neoliberalen Wirtschaftsmechanismen nachzuvollziehen. Monbiot vertritt die Überzeugung: »Anonymität und Verwirrung sind eng mit der Namenlosigkeit und Ortslosigkeit des modernen Kapitalismus verzahnt, mit dem Franchisemodell, das gewährleistet, dass Arbeiter nicht wissen, für wen sie sich abrackern; mit den Unternehmen, die über ein so komplexes Netz von Offshore-Geheimhaltungsregimen registriert sind, dass selbst die Polizei die begünstigten Eigentümer nicht herausfinden kann; mit Steuerkonstrukten, die Behörden hereinlegen; mit Finanzprodukten, die niemand versteht.«[22] Außerdem setzten die Reichen Zuckerbrot und Peitsche ein. Letztere richtete sich hauptsächlich gegen jene, die Widerstand gegen neoliberale Politik leisteten, vor allem gegen die Gewerkschaften.

Das Problematische an der marxistischen Erklärung ist, dass die neoliberale Politik gegenwärtig nur einem kleinen Teil der »Kapitalistenklasse« nützt: Die wohlhabende Mittelschicht der Unternehmer schrumpft und die wahren Nutznießer sind nun das berühmt-berüchtigte Prozent – oder auch nur 0,1 Prozent.[23] Warum hat sich die Mehrheit der Unternehmer, ganz zu schweigen von den gewöhnlichen Bürgern, das gefallen lassen? Die Antwort lautet vermutlich, dass sie keine politische Vertretung mehr hatten. Europas Sozialdemokraten machten sich den Neoliberalismus zu eigen und zogen es vor, sich mit ihren historischen Erzfeinden aus dem rechten politischen Spektrum statt mit den neuen konterrevolutionären Kräften zusammenzutun. Die griechische PASOK bildete eine Regierungskoalition mit der Nea Dimokratia, um Syriza abzuwehren. Die italienische Partito Democratico arbeitete mit rechten Freunden Silvio Berlusconis zusammen, um den Aufstieg der Fünf-Sterne-Bewegung zu verhindern. Die spanischen Sozialisten konnten sich ein Bündnis mit Podemos nicht vorstellen. Das hat mit diametral entgegengesetzten politischen Kulturen innerhalb der etablierten sozialistischen Parteien und den linksgerichteten Neulingen zu tun, aber auch, wenn nicht sogar hauptsächlich mit der historischen Entwicklung der europäischen Sozialdemokraten.

Der letzte bedeutende sozialistische Spitzenpolitiker, der den Wirtschaftsbossen zu trotzen versuchte, war François Mitterand. Er gewann die französischen Präsidentschaftswahlen 1981 mit dem Versprechen, einen »vollständigen Bruch« mit dem Kapitalismus zu vollziehen, und versuchte, es einzulösen, indem er einige Industrieunternehmen verstaatlichte, die Staatsausgaben erhöhte und die Rechte französischer Arbeitnehmer ausweitete. Doch schon bald sah er sich mit einer Revolte der Finanzmärkte konfrontiert, die den Franc schwächte, mit der Verlagerung von Unternehmen ins Ausland und mit wütenden Wählern. Umgehend vollzog Mitterrand eine Kehrtwende in seiner Politik, die andere sozialistische Spitzenpolitiker zur Kenntnis nahmen. Tony Blair versuchte nicht, den Neoliberalismus anzufechten, sondern ihm ein menschliches Gesicht zu geben – allerdings mit gemischten Ergebnissen. Selbst in skandinavischen Ländern fanden Sozialdemokraten sich mit Unternehmerforderungen ab, Arbeitnehmerrechte und Sozialausgaben zu beschneiden.

Auch die Europäische Union unterließ es, neoliberale Exzesse einzudämmen. Offiziell ist sie nicht für Besteuerung zuständig und im Bereich der Sozialpolitik hat sie lediglich symbolische Kompetenzen. Zudem übernahm sie zunehmend die neoliberale Agenda der Deregulierung, Marktöffnung und Privatisierung. Nicht zu vergessen, dass mittlerweile in Brüssel über dreißigtausend Lobbyisten registriert sind, die Entscheidungen der für den Binnenmarkt zuständigen Europäischen Kommission zu beeinflussen versuchen.[24] Der Europäische Rat ist ebenfalls von herausragenden Vertretern des neoliberalen Establishments dominiert. Als der sozialistische griechische Ministerpräsident George Papandreou mitten in der Eurokrise seine Absicht ankündigte, ein Referendum über die Akzeptanz der neoliberalen Bedingungen des Eurozonen-Rettungspakets abzuhalten, wurde er auf Drängen seiner europäischen Amtskollegen zum Rücktritt gezwungen. Einige Jahre später erklärten europäische Regierungschefs auch Alexis Tsipras, er solle »sich abfinden und den Mund halten«, selbst nachdem die Griechen sich in einem Referendum mehrheitlich gegen das Diktat der Gläubiger ausgesprochen hatten.

Diese Beispiele deuten darauf hin, dass Politiker, die sich gegen die neoliberale Ordnung wenden, kaum Chancen haben. Wie bereits im vorigen Kapitel dargelegt, hat die Demokratie wahrscheinlich die Kontrolle über die Märkte verloren. Aber die konterrevolutionäre Welle lässt vermuten, dass die Wirtschaftswelt möglicherweise einen hohen Preis für das Festhalten an neoliberalen Rezepten wird zahlen müssen. Die Konterrevolutionäre mögen zwar kaum Einblicke in Unternehmen und Märkte haben, können ihnen aber das Leben enorm schwer machen, manchmal gerade durch ihre schiere Inkompetenz. Die Wirtschaftswelt braucht Stabilität, nicht Chaos; sie braucht funktionstüchtige Institutionen, Rechtstaatlichkeit und einen gewissen politischen Konsens. All das gefährden die Konterrevolutionäre.

Allerdings stellt sich weiterhin die Frage: Welche plausiblen liberalen Alternativen gibt es zum Neoliberalismus? Im Oktober 2016 räumte die frisch gewählte Parteivorsitzende der britischen Konservativen Partei ein: »Die Wurzeln der Revolution reichen tief. Denn es waren nicht die Wohlhabenden, die nach dem Finanzcrash die größten Opfer brachten, sondern gewöhnliche Arbeiterfamilien.«[25] Deshalb versprach sie einen grundlegenden Wandel der Unternehmensführung, unter anderem die Berufung von Verbraucher- und Arbeitnehmervertretern in britische Verwaltungsräte. Außerdem kündigte sie das Ende der »Alles-geht-Kultur« in der Entlohnung von Führungskräften an. Auch wenn man diesen Vorschlägen Beifall zollen sollte, fragt sich doch, ob sie Theresa Mays Ziel verwirklichen können, gewöhnlichen Arbeiterfamilien »Fairness und Chancen« zu sichern. Angesichts des Widerstandes der Wirtschaftswelt sollte man zudem nicht davon ausgehen, dass diese Vorschläge jemals umgesetzt werden.[26]

Auf der Linken des politischen Spektrums wurde propagiert, man müsse die Austeritätspolitik aufgeben, um Sozialleistungen zu schützen und Ungleichheit zu reduzieren. So bewarb sich der Fraktionsvorsitzende der sozialistischen Fraktion im Europäischen Parlament, Gianni Pittella, für das Amt des EU-Parlamentspräsidenten mit dem Versprechen, eine Antiausteritätsagenda zu verfolgen. Außerdem forderte er ein umfassendes Investitionsprogramm, um die Jugendarbeitslosigkeit zu reduzieren, die er als »Tragödie Europas« bezeichnete.[27] Auch das sind noble Ziele, die wahrscheinlich aber nichts daran ändern werden, wie der Kapitalismus derzeit funktioniert. Diese Vorschläge umzusetzen, würde zudem die Unterstützung der Gläubigerstaaten, vor allem Deutschlands, erfordern.

Politiker haben eine natürliche Tendenz, sich durchzuwursteln und sich Zeit zu kaufen. Sie hoffen, dass Probleme nach kosmetischen Korrekturen mit der Zeit einfach verschwinden. Sollten Probleme explodieren, ist es ihrer Ansicht nach ratsam, Verzögerungstaktiken anzuwenden. Unter dem Druck kapriziöser Meinungsumfragen ist der Zeithorizont von Politikern schließlich sogar kürzer als die Legislaturperiode. Allerdings hat Wolfgang Streeck zu Recht darauf hingewiesen, dass die Taktik, sich Zeit zu kaufen, nicht mehr funktioniert. Inflation, Staatsverschuldung, private Verschuldung, Wachstumsillusionen – all diese ehemals erfolgreichen Mittel, die Bürger und die Märkte zu beschwichtigen, scheinen erschöpft zu sein.[28] Europa läuft die Zeit davon.

Die Eine-Milliarde-Bitcoin-Frage

Vielleicht bleibt uns nichts anderes übrig, als den Schluss zu ziehen, dass die neoliberale Politik den Kapitalismus irreparabel beschädigt hat. Eine Rückkehr zur sozialen Marktwirtschaft scheint gegenwärtig unrealistisch. Regierungen sind froh, wenn sie sich um einige der unmittelbarsten Bedürfnisse der Armen kümmern können, aber sie sind weder bereit noch in der Lage, ihre Politik grundlegend zu ändern und den Sprung ins Unbekannte zu wagen. Kühne Reformen sind umstritten, zaghafte sinnlos. Soziale Ungleichheit herrscht nicht nur innerhalb, sondern auch zwischen den Ländern und selbst jene auf der Verliererseite sehen keine tragfähige Alternative. Für die meisten Arbeitnehmer ist eine schlechte Bezahlung besser als gar keine, ein Null-Stunden-Vertrag besser als gar kein Vertrag und unsichere Arbeit besser als gar keine Arbeit. Staaten mit einer Arbeitslosenquote von über 25 Prozent haben andere Prioritäten als solche mit einer Arbeitslosigkeit von unter fünf Prozent. Die Interessen der Nutzer und Anbieter von Finanzdienstleistungen sind nicht zwangsläufig so kompatibel, wie oft behauptet wird. Dabei spreche ich noch nicht einmal von den divergierenden Perspektiven derer, die am oberen beziehungsweise unteren Ende der sozialen Stufenleiter stehen. Wie man den Kapitalismus so gestalten kann, dass er für gewöhnliche europäische Bürger funktioniert, ist eine Eine-Milliarde-Bitcoin-Frage. Es geht nicht nur darum, ein neues System zu erfinden, sondern auch darum, es in den vorhandenen Macht- und Geldstrukturen durchzusetzen.

Als klar war, dass der Kommunismus irreparabel beschädigt war, reagierten skeptische Polen auf Gorbatschows Versuche, ihn zu reformieren, mit dem Spruch: »Man kann aus einem Aquarium eine Fischsuppe machen, aber nicht umgekehrt.« Damals bedeutete dies die völlige Ablehnung des Kommunismus. Ich fürchte, die Liberalen sind nicht einmal bereit, die neoliberale Wirtschaft vollständig abzulehnen. Sind sie zu einer völligen Ablehnung des Kapitalismus bereit? Falls nicht, wie sieht ihr Plan B aus? Lässt sich der Kapitalismus grundlegend neu erfinden? Ist Postkapitalismus ein Schlagwort oder eine tragfähige Option?[29] Ich habe auf diese

Fragen keine Antwort und fürchte, dass die konterrevolutionären Politiker sich diese Fragen nicht einmal stellen.

Erfolgreiche Alternativen zum Neoliberalismus müssen umfassend sein und sich nicht nur auf einen Aspekt der Wirtschaftspolitik wie Besteuerung und Bankenregulierung beschränken. Sie müssten einen neuen Kompromiss zwischen Gewinnern und Verlierern des transnationalen Marktwettbewerbs erzielen, weil das System, in dem der Gewinner alles bekommt, nicht mit Menschenwürde und Demokratie vereinbar ist. Sie müssten ein neues Gleichgewicht zwischen der öffentlichen und der privaten Sphäre herstellen. Das Öffentliche darf nicht nur mit dem Staat gleichgesetzt werden; manche Regionen, Städte und europäischen Gremien haben sich bereits als gute Verwalter öffentlicher Angelegenheiten erwiesen. Mittlerweile hat sich jedoch gezeigt, dass ein solides Bildungs-, Gesundheits- und Sozialwesen, Kultur, Verteidigung und Polizei nicht allein vom Privatsektor nach Prinzipien des freien Marktes bereitgestellt werden können. Tatsächlich kann der freie Markt kaum ohne einen starken Staat funktionieren, der faire Wettbewerbsregeln gesetzlich festlegen, durchsetzen und Streitfälle gerichtlich beilegen kann. Auch die Demokratie muss neu erfunden werden, weil das gegenwärtige Modell territorialer Repräsentation nicht für die grenzüberschreitende Wirtschaft geeignet ist. Europa braucht zudem ein neues Integrationsmodell, das lokale Bedingungen anerkennt und flexible, dezentralisierte Governance-Methoden auf der Basis sinnvoller Anreize bietet.

Selbst unsere klügsten Köpfe wie Wolfgang Streeck und Thomas Piketty können auf unsere Eine-Milliarde-Bitcoin-Frage keine zufriedenstellende Antwort geben. Wahrscheinlich wird der Gewinner erst in einigen Jahren verkündet, was erklärt, warum das Preisgeld in Bitcoins, nicht in Euro ausgelobt ist. Schließlich kann es sein, dass der Euro zum Zeitpunkt der Preisverleihung gar nicht mehr in Umlauf ist.

Kapitel 5

Geopolitik der Angst

Du magst fragen, Ralf, warum die gegen das Establishment gerichteten Politiker und Parteien erst jetzt bemerkenswerte Unterstützung erfahren haben. Bislang gibt es dazu keine belastbaren Erkenntnisse, aber ich vermute, dass es dabei hauptsächlich um Unsicherheit geht. Nie zuvor haben in den vergangenen dreißig Jahren so viele Bürger um ihren Arbeitsplatz, ihre Krankenversicherung und ihre Renten (oder die ihrer Kinder) gebangt. Gewöhnlich machen sie die liberale Globalisierungspolitik dafür verantwortlich. Nach einer Reihe von Terrorangriffen halten viele es für riskant, ihr Lieblingsrestaurant oder Urlaubsstrände zu besuchen. Die liberale Politik der offenen Grenzen und humanitärer Auslandseinsätze gelten für manche als Ursache von Terrorismus. Andere befürchten sogar einen Krieg in Europa. Dabei hatten Liberale doch ein friedliches, integriertes Europa versprochen.

Vielleicht haben Liberale es nicht geschafft, die richtige Balance zwischen Freiheit und Unsicherheit zu finden. Vielleicht sind sie ihrer liberalen Weltsicht schlicht nicht gerecht geworden. Vielleicht war die liberale Weltsicht utopisch. Wie die Antwort auch immer lauten mag, die Welt ist unter ihrer Führung zu einem recht unsicheren Ort geworden. Unsicherheit manifestiert sich in verschiedenen Bereichen, wobei die Wahrnehmung eine ebenso große Rolle spielt wie die Wirklichkeit; verschiedene Menschen an verschiedenen Orten empfinden Unsicherheit unterschiedlich. Das Ausmaß und die Intensität, die dieses Gefühl in den letzten ein bis zwei Generationen erreicht haben, sind anscheinend beispiellos.

Wenn Menschen sich unsicher fühlen, ist die Zeit reif für eine Konterrevolution. Kein Wunder, dass antiliberale Politiker diese öffentliche Angst ausnutzen. Angst ist ein großartiger Mobilisierungsfaktor; bei drohender Gefahr müssen wir sofort handeln und sind zum Sprung ins Unbekannte bereit. Aber Angst wird nicht nur von einem bekannten Bösewicht wie der Sowjetunion vor 1989 ausgelöst. Zygmunt Bauman erklärte in seinem Buch über Angst: »Angst ist der Name, den wir unserer Unsicherheit geben: unserer Unkenntnis der Bedrohung und dessen, was zu tun ist – was getan werden kann und was nicht –, um sie aufzuhalten – oder abzuwehren, wenn es außerhalb unserer Macht liegt, sie aufzuhalten.«[1] Aber im gegenwärtigen Europa ist die Angst real und nicht bloß von antiliberalen Kräften erzeugt.

Du magst zu Recht darauf hinweisen, dass Unsicherheit die Menschen früher dazu gebracht hat, sich hinter den etablierten Parteien zu sammeln. In den sechziger und siebziger Jahren führte die Strukturkrise der politischen Vermittlung in Westeuropa bereits zu Revolten gegen das Establishment, doch die Mehrheit der Wähler hatte wenig Lust, Politiker zu unterstützen, die Straßenbarrikaden errichteten, geschweige denn Gewalt schürten. Diesmal ist es anscheinend anders. Das liegt teils daran, dass die Unsicherheit näher, überwältigend und vielschichtig erscheint, und teils daran, dass das Verschwinden der sowjetischen Bedrohung den internationalen Zusammenhalt und das Gefühl eines gemeinsamen Ziels untergraben hat. Zunehmend tritt zutage, dass das Establishment nicht in der Lage ist, die vielfältigen diffusen Sicherheitsbedrohungen unter Kontrolle zu bringen. Die konterrevolutionären Politiker errichten keine Barrikaden auf den Straßen; sie präsentieren sich als einzige Kraft, die imstande sei, ein Gefühl der Sicherheit wiederherzustellen. Marine Le Pen erklärte: »Frankreich und die Franzosen sind nicht mehr sicher. Es ist meine Pflicht, Ihnen das zu sagen.«[2] Und bei anderer Gelegenheit fügte sie hinzu: »Der Krieg gegen die Geißel des Fundamentalismus hat noch nicht begonnen, er muss jetzt erklärt werden. Das ist der innige Wunsch der Franzosen, und ich werde meine ganze Kraft einsetzen, damit sie endlich gehört werden und der notwendige Kampf endlich geführt wird.«[3]

Wie immer bestimmen örtliche Gegebenheiten die Prioritäten. In Frankreich und Belgien ist der Terrorismus gegenwärtig das Hauptthema; in Lettland und Estland fürchten die Menschen vor allem Russland; in Griechenland und Portugal machen sie sich hauptsächlich Sorgen um ihre Arbeitsplätze. Linke konterrevolutionäre Politiker betonen die wirtschaftliche Unsicherheit, rechte die Unsicherheit auf den Straßen. Aber in allen Ländern Europas herrscht das Gefühl, die Bedrohungen für das persönliche Leben wüchsen und der Staat gehe nicht überzeugend dagegen vor.

Terrorismus und wirtschaftliche Not verunsichern Menschen unmittelbar. Kein Wunder, dass konterrevolutionäre Politiker diese Sicherheitsthemen am meisten ausschlachten. Internationale Unsicherheit ist etwas Vages, solange es keinen Krieg gibt, dennoch können Bürger und Politiker sie kaum ignorieren. Die niederländische Öffentlichkeit interessierte sich nicht sonderlich für die waghalsige Geopolitik in der Ukraine, bis ein mit Touristen voll besetztes Flugzeug auf dem Weg von Amsterdam nach Kuala Lumpur von Donbass-Separatisten abgeschossen wurde. Der Terrorismus des sogenannten IS auf europäischen Straßen hängt mit der riskanten Geopolitik im Nahen und Mittleren Osten zusammen. Gefährliche politische Spielchen zwischen Donald Trump und dem nordkoreanischen Staatschef Kim Jong-un könnten durchaus zu einem Atomkrieg mit schwerwiegenden Folgen für gewöhnliche Europäer führen. Die wirtschaftliche Not in Portugal und Griechenland hängt ebenfalls mit Geopolitik zusammen, wenn auch auf andere Weise, wie ich später darlegen werde. Verschiedene Arten von Sicherheit verschmelzen mehr denn je; eben das impliziert das populäre Schlagwort hybride Kriegführung. Befassen wir uns zunächst mit Unsicherheit, die mit der verzwickten gegenwärtigen Geopolitik zusammenhängt, bevor wir uns wirtschaftlicher oder gar kultureller Unsicherheit zuwenden.

Früher war Geopolitik Europas Albtraum; Manipulation, Aggressionen und territoriale Eroberungen, getrieben von nationalen Ambitionen und ideologischen Mythen, brachten vor allem von 1850 bis 1878 und von 1914 bis 1945 unsägliches menschliches Leid hervor. Mit der Revolution von 1989 fanden die Geister der Vergangenheit anscheinend Ruhe. Die ideologische Rivalität zwischen Kommunismus und der »freien Welt« hatte mit dem Sieg der Letzteren geendet. Europas Nationalstaaten in Ost und West schlossen sich enger zusammen. Die geopolitische Landkarte wurde »per Telefon und Scheckbuch statt durch Blut und Eisen« umgestaltet.[4] Mit dem Fall der Berliner Mauer wurde ein Krieg in Europa für unvorstellbar erklärt.

Diese rosige Geschichte erwies sich als zu schön, um wahr zu sein, und Opas Geopolitik kehrte mit Macht zurück. Heute werden die kleinen und schwachen Staaten Europas wieder von den großen herumkommandiert, die sich gegenseitig in Schach zu halten versuchen. Schlüsselinstitutionen der liberalen Ordnung – UN, EU, WTO und NATO – werden infrage gestellt und untergraben. Integration und Multilateralismus liegen folglich in Trümmern. Europas Nachbarschaft ist wieder von Gewalt geprägt, verarmt und autokratisch, was Folgen für die Sicherheit des Kernkontinents hat. Mit der Rückkehr des alten hobbesschen Musters fühlen die Bürger sich zunehmend verwirrt und unsicher. Sie wollen wissen, wer für diesen desolaten Zustand verantwortlich ist. Warum sind Russland und die Türkei nicht mehr Europas Verbündete? Warum hat Europa tatenlos zugesehen, als der Arabische Frühling sich zu entfalten begann? Ist Deutschlands Stärke eine Bedrohung oder ein Segen für den Kontinent? Wird Europa imstande sein, den Frieden zu bewahren? Auf so grundlegende Fragen gibt es keine naheliegenden Antworten und daher rührt die Angst, wenn nicht gar die Revolte der Bevölkerung. Konterrevolutionäre Politiker halten bei dieser Revolte das Heft in der Hand.

Explosive Nachbarschaft

Nach dem Zusammenbruch des Kommunismus galt die Hauptsorge europäischer Politiker der Instabilität in ihrer unmittelbaren Nachbarschaft. Ein Übergreifen auf den Kern des Kontinents sollte verhindert werden. Der von Gewalt geprägte Zerfall Jugoslawiens machte das Ausmaß der Bedrohung deutlich. Auf dem Schlachtfeld in Bosnien erfuhren europäische Streitkräfte ihre Ohnmacht; an den europäischen Grenzen war der Grenzschutz nicht in der Lage, mit den zahlreichen vor Gewalt fliehenden Flüchtlingen fertig zu werden; europäische Politiker rangen um eine gemeinsame diplomatische Basis. Diese traumatische Erfahrung sollte sich nicht wiederholen und Europa reagierte mit einer zweifachen Antwort: der EU-Erweiterung nach Mittel- und Osteuropa und der Europäischen Verteidigungs- und Sicherheitspolitik. Die Letztere war nie ein sonderlicher Erfolg, aber die Erstere wurde zu Europas Markenzeichen.

Zynisch stellte Robert Kagan fest, Europa sei unfähig, richtig mit Sicherheitsbedrohungen umzugehen, weil es sich anscheinend auf »eine in sich geschlossene Welt von Gesetzen und Regeln, transnationalen Verhandlungen und internationaler Kooperation« zubewege.[5] Dass es der EU nicht gelungen ist, eine echte gemeinsame Sicherheits- und Verteidigungspolitik auf die Beine zu stellen, hat aber offenbar eher praktische als ideologische Ursachen. Es war schon immer schwierig, zwischen den europäischen Staaten einen Konsens in Sicherheitsfragen zu erzielen, und es war wenig sinnvoll, Soldaten auf der Grundlage vager politischer Erklärungen, die den kleinsten gemeinsamen Nenner widerspiegeln, in den möglichen Tod zu schicken. Dieser fehlende Konsens erwuchs aus der unterschiedlichen geografischen Lage und den unterschiedlichen militärischen Fähigkeiten; das hatte nicht nur mit den jeweiligen ethischen Einstellungen zu Krieg und Frieden zu tun. Die Polen machen sich hauptsächlich Sorgen wegen der Ukraine und Russland, Italien über Albanien und Libyen. Staaten mit starken Streitkräften wie Frankreich und Großbritannien wollen ihre Politik nicht von solchen mit kleinen Streitkräften wie Belgien oder von Ländern bestimmt sehen, die wie Deutschland wenig Bereitschaft zu militärischen Kampfeinsätzen zeigen. Zudem bestand immer ein Konsens, dass die gemeinsame europäische Verteidigung von einem echten Militärbündnis wie der NATO gehandhabt werden müsse, in das die Vereinigten Staaten fest eingebunden wären. In den letzten Jahren haben sich kleine EU-Friedenseinsätze in verschiedenen, häufig abgelegenen Regionen wie Osttimor, Kongo, Sudan, Afghanistan, Irak, Libanon, Bosnien und Georgien vervielfacht. Doch nichts von alledem führte letztlich zu einer echten gemeinsamen europäischen Sicherheitspolitik, die den Umgang mit Instabilität in der Nachbarschaft ermöglichen würde. Dazu wurde eine andere Strategie entwickelt: die EU-Erweiterung.

Bei der EU-Erweiterung ging es formal um die Übernahme von rund zwanzigtausend EU-Gesetzen durch die Beitrittskandidaten und weniger um eigentliche Sicherheitsmaßnahmen. Aber die Erweiterung stellte eine geschickte Machtpolitik zur Befriedung des Umfeldes dar. Im Kern verfolgte die Erweiterung das Ziel, die wirtschaftliche und politische Kontrolle der EU über den instabilen, verarmten Osten des Kontinents durch einen energischen Einsatz politischer und wirtschaftlicher Bedingungen zu gewährleisten. Sicher, die postkommunistischen Länder wurden nicht »erobert«, sondern zum EU-Beitritt eingeladen. Aber die Kandidaten waren nicht in der Lage, über die Forderungen der EU zu verhandeln. Diese betrafen nicht nur Handel und industriellen Wettbewerb, sondern auch Demokratie, Minderheitenrechte und die Beilegung territorialer Streitigkeiten. Die mittel- und osteuropäischen Länder waren eifrig darauf bedacht, Europas strenge Bedingungen zu erfüllen, weil ihnen am Ende des Beitrittsverfahrens der Zugang zu den Entscheidungsprozessen und Wirtschaftsressourcen der EU winkte. Westeuropas liberaler Diskurs über Demokratie und Wirtschaft war für sie verführerisch. Sie wollten ihrer autokratischen Geschichte entkommen und dem Club der reichen, sicheren und freien Europäer beitreten.

Die Erweiterungspolitik verwandelte zehn potenzielle »Spannungsgebiete« in relativ wohlhabende, stabile EU-Mitgliedsstaaten. Dieser Erfolg hatte jedoch seinen Preis. Die Erweiterung erschwerte nicht nur die Entscheidungsprozesse innerhalb der EU, sondern verschob auch die Machtverhältnisse zugunsten Deutschlands. Zudem bedeutete sie einen massiven Import unterschiedlicher Sicherheits- und Wirtschaftsinteressen sowie rechtlicher und institutioneller Kulturen. Mit der Erweiterung nahm auch die Migration zu. Bei den Referenden zur EU-Verfassung in Frankreich und den Niederlanden 2004 ging es großenteils um polnische Installateure und Tulpenpflücker; das Ergebnis war für Europas Establishment äußerst enttäuschend.

Anschließend wurde die Erweiterungspolitik auf Eis gelegt und durch die EU-Nachbarschaftspolitik ersetzt. Europas erklärte Ziele blieben dieselben: Schaffung einer »Zone des Wohlstands und der guten Nachbarschaft«.[6] Aber für die Nachbarstaaten bestand keine Aussicht mehr auf eine EU-Mitgliedschaft. Das veränderte ihre Motivation dramatisch. Zudem sah sich Europa in Ägypten, Libyen, Moldau und der Ukraine mit größeren Herausforderungen konfrontiert als in Litauen, Polen oder Ungarn. Die Bürger der Ukraine bekundeten wiederholt ihren Willen, sich dem wohlhabenden Teil Europas anzuschließen, aber Vetternwirtschaft, ineffiziente Verwaltung, ethnische Auseinandersetzungen und russische Interventionen verhinderten, dass sie ihre Ziele erreichten. In Nordafrika und im Mittleren Osten vereitelte eine Mischung aus Kolonialerbe, religiösem Fundamentalismus und wirtschaftlicher Rückständigkeit das Streben nach Demokratie und engeren Verbindungen zu Europa.

Man darf wohl annehmen, dass jede EU-Politik in einer derart komplexen Nachbarschaft auf zahlreiche Hindernisse stoßen würde, aber Sicherheitspolitik ist kein Nullsummenspiel. Die entscheidende Frage ist: Hat Europa nach der Aufgabe des Erweiterungsprojekts eine tragfähige Politik gegenüber instabilen Nachbarländern entwickelt? Meine Antwort lautet, dass die neue Nachbarschaftspolitik entweder naiv oder rein rhetorisch war. Wie sonst lässt sich erklären, dass man Libyen nach einem gewaltsamen Sturz des Gaddafi-Regimes im Stich gelassen hat? Eine verantwortungsvolle Sicherheitspolitik – ganz zu schweigen von einer humanitären – würde ein solches Chaos in Libyen nicht zulassen. Konnte Europa nichts tun, um der aufkeimenden Demokratie in Tunesien zu helfen? Als ich einige Tage vor dem ersten Terroranschlag 2015 Tunis besuchte, interessierten sich EU-Vertreter ausschließlich dafür, potenzielle tunesische Migranten von einer Überquerung des Mittelmeers abzuschrecken. Kann die Ukraine ohne Europas Hilfe je ein stabiler Staat werden? Präsident Poroschenko wird mit rotem Teppich, opulenten Essen und zahlreichen Fototerminen in europäischen Hauptstädten empfangen, erzielt mit seinen Besuchen, Fotos und Essen aber nur spärliche Resultate. Nach wie vor weigert sich die EU, der Ukraine nennenswerte Wirtschaftshilfen zu gewähren oder ernsthaft in ukrainische zivilgesellschaftliche Institutionen zu investieren.[7] Es ist keineswegs übertrieben, zu behaupten, dass George Soros in der Ukraine mehr getan hat als die EU.

Zehn Jahre nach Beginn der Nachbarschaftspolitik kamen Experten zu dem Schluss, diese liege »in Trümmern«. Ihr Ziel sei, »die EU von einem Ring wohlhabender, stabiler und freundschaftlicher Länder zu umgeben«, stattdessen befände Europa sich »in einer Nachbarschaft, geprägt von Konflikt, Konterrevolution und wiederauflebendem Extremismus«.[8] Statt von einem »Ring von Freunden« ist Europa in Osteuropa, Nordafrika und im Nahen und Mittleren Osten umgeben von einem »veritablen Feuerring«.[9]

Die EU-Erweiterungspolitik mag einige Mängel aufgewiesen haben, aber zumindest war sie greifbar und nicht bloß deklaratorisch; sie stand in Einklang mit Europas Werten und hatte nachweislich eine befriedende Wirkung auf Nachbarstaaten. Es ist nicht klar, ob die Aufgabe dieser Politik Geld gespart und Politiker bei Wählern beliebter gemacht hat. Klar ist jedoch, dass ein Jahrzehnt der neuen Nachbarschaftspolitik Europa mit Flüchtlingsströmen, Ausbrüchen von Terrorismus und einer Fülle potenziell explosiver Probleme unmittelbar vor seinen durchlässigen Grenzen konfrontiert hat. Kein Wunder, dass Europas Bürger sich gegenwärtig nicht sicher fühlen.

Dominantes Deutschland und starrköpfiges Russland

Du, Ralf, standest deinem Heimatland Deutschland kritischer gegenüber als ich, ein gebürtiger Pole. Das lässt sich vielleicht teils durch unsere unterschiedlichen Lebensläufe erklären. Ich habe die NS-Herrschaft nicht erlebt; in Schlesien, wo ich nach dem Krieg aufgewachsen bin, war Deutschland trotz der offiziellen polnischen Propaganda ein Symbol für Effizienz und Großzügigkeit. In den siebziger Jahren bot Helmut Schmidt Polen Kredite für die

Erlaubnis an, dass Deutsche aus meiner Region zu ihren Familien in Westdeutschland ausreisen durften. Mehrere meiner deutschen Schulkameraden profitierten von dieser Politik ebenso wie zahlreiche einfache Polen, wenn auch auf unterschiedliche Weise. Ich weiß nicht, ob der polnische Staat damals ohne die deutsche Finanzspritze armen Studenten wie mir ein Stipendium für ein Hochschulstudium hätte gewähren können. Nach dem Fall der Berliner Mauer begrüßte eine jubelnde Menge Helmut Kohl in Schlesien mit vielsagenden Plakaten: »Helmut, du bist unser Kanzler!« Aber Kohl widerstand der Versuchung, die Nachkriegsgrenze zu Polen neu festzulegen. Heute leben Deutsche und Polen in Schlesien ohne sonderliche Probleme zusammen.

Deutschland stand bei der Revolution 1989 im Mittelpunkt. Polen sind ein bisschen neidisch, dass der Beginn der neuen Ordnung mit Champagner auf der Berliner Mauer gleichgesetzt wird und nicht mit Streiks in polnischen Werften ein Jahrzehnt zuvor. Deutschland war auch der größte Profiteur der Revolution von 1989, zumindest unter geopolitischen Aspekten. Die deutsche Wiedervereinigung erforderte viel Geld und Arbeit, machte Deutschland aber zur größten, wenn nicht gar bedeutendsten Macht auf dem Kontinent. Selbst von der Eurokrise hat Deutschland auf manche verdrehte Art profitiert.

Doch mit Macht geht Verantwortung einher und da fängt die kritische Diskussion an. Deutschland nutzte seine immer größere Macht vornehmlich zum Wohl seiner eigenen Bürger statt zum Wohl anderer Europäer. Zudem konsultierte es andere Europäer bei einigen grundlegenden Entscheidungen, die nicht nur Deutsche betrafen, kaum. Das trat am deutlichsten im Sommer 2015 zutage, als Angela Merkel sich über die Dublin-Konvention von 1990 hinwegsetzte und verkündete, jeder Syrer, der Deutschland erreiche, könne dort Asyl beantragen. Auch der Europäische Fiskalpakt von 2012 wird als etwas gesehen, was Merkel zusammen mit dem französischen Präsidenten Sarkozy den anderen Europäern aufzwang. Sicher, zahlreiche europäische Partner mit konfligierenden Agenden zufriedenzustellen, war alles andere als einfach. Es stimmt auch, dass die Ausrichtung auf das heimische Publikum den Aufstieg der Konterrevolutionäre in Deutschland hemmte. Im größten Land Europas sitzt das Establishment fest im Sattel und die Alternative für Deutschland (AfD) ist weniger populär und gemäßigter als etwa der Front National in Frankreich. Anhänger Merkels würden wohl hinzufügen, der Fiskalpakt sei ein Akt fiskalischer Vernunft, während die Entscheidung in Bezug auf syrische Flüchtlinge Europas dringend benötigte moralische Führung geboten habe.[10]

Aber Merkels Kritiker, auch solche in Deutschland, warfen ihr vor, ein neues deutsches Reich aufzubauen.[11] Simon Heffer formulierte es drastisch: »Die Politik eines jeden Finanzministeriums in jeder Regierung der Eurozone wird in der ehemaligen Hauptstadt Preußens gemacht [...]. Wo es Hitler mit militärischen Mitteln nicht gelungen ist, Europa zu erobern, schaffen es die modernen Deutschen durch Handel und Finanzdisziplin. Willkommen im Vierten Reich.«[12]

Merkel mit Hitler zu vergleichen ist, als würde man Orangen mit Ratten vergleichen. Dennoch kann Merkel weder Deutschlands historisches Erbe noch seine gegenwärtige Macht ignorieren. In einer Harris-Umfrage von 2013 erklärten 88 Prozent der Befragten in Spanien, 82 Prozent in Italien und 56 Prozent in Frankreich, Deutschlands Einfluss in Europa sei zu groß. Auch die Art, wie Deutschland seine Macht nutzte, wurde infrage gestellt. Während der Eurokrise zielte die deutsche Politik stärker auf die Bestrafung als auf die Unterstützung der Schuldnerländer. Andersdenkende wie der (linke) griechische Ministerpräsident Papandreou oder der (rechte) italienische Ministerpräsident Berlusconi wurden auf deutschen Druck abgelöst. Deutschland hat genug getan, um den Zusammenbruch der Gemeinschaftswährung zu verhindern, aber zu wenig, um die

Strukturunterschiede zwischen stärkeren und schwächeren Volkswirtschaften zu mildern. Die von Deutschland vorangetriebene Wirtschafts- und Fiskalpolitik produziert gegenwärtig verheerende wirtschaftliche, soziale und politische Folgen für die Schuldnerländer. Deutschlands Bestreben, dem Rest der EU verbindliche Flüchtlingsquoten vorzuschreiben, erregt ebenfalls Widerstand. Ständig präsentieren europäische Zeitungen Angela Merkel in Nazi-Uniform, um zu suggerieren, Deutschlands Macht sei eher eine Bedrohung als eine Lösung für Europas gegenwärtiges Dilemma.

Auch für Mängel der EU wird Deutschland verantwortlich gemacht. Die europäische Integration sollte der Machtpolitik ein Ende setzen, aber derzeit diktiert Deutschland neue Regeln, die darauf abzielen, schwächere Akteure zu beaufsichtigen, zu kontrollieren und zu bestrafen. Zu diesen schwächeren Akteuren gehören nicht nur Zypern, Ungarn, Portugal und Griechenland, sondern auch Italien, Polen und sogar Frankreich. Diese kritische Darstellung mag nur die halbe Wahrheit sein, aber konterrevolutionäre Politiker weisen darauf hin, dass die Mängel des Post-1989-Systems unter deutscher Führung zustande kamen, so zufällig und widerstrebend es diese Führungsrolle auch eingenommen haben mag.

Du, Ralf, hast 1990 geschrieben: »Jedenfalls bleibt Deutschland für viele geheimnisvoll.«[13] Dem kann ich heute immer noch zustimmen. Mittlerweile ist Russland wesentlich weniger geheimnisvoll als 1990, das ist jedoch leider kein Trost. In den ersten Jahren nach dem Fall der Berliner Mauer zog Russland seine Militäreinheiten aus Nachbarländern ab. In den letzten Jahren tut es das Gegenteil. Die Annexion der Krim und die militärische Unterstützung der Separatisten im Donbass bereiten Europäern zwar besondere Sorgen, aber Russland demonstriert seine militärische Stärke in vielfältiger Form an vielen Orten, vor allem in Syrien.[14]

Die Angst vor Russland ist nicht überall in Europa gleich stark. Die größten Sorgen haben die baltischen Staaten, Rumänien und

Polen. Ihnen gelang es, die USA und andere NATO-Verbündete zur Verlegung eines Teils ihrer Truppen auf ihr Staatsgebiet zu bewegen. Kritiker sind der Ansicht, dieser Schritt werde Russland nicht abschrecken, sondern nur noch starrköpfiger machen. Sie wollen keine Konfrontation mit einer Atommacht riskieren und nicht die ganze Arbeit zunichtemachen, die in die Überwindung des Kalte-Kriegs-Vermächtnisses investiert wurde. Diplomatie und Handel sind für sie der beste Weg, mit Wladimir Putin umzugehen. Das mag durchaus Wunschdenken sein, da Putins aggressives Vorgehen eher von seiner innenpolitischen Agenda als von internationalen Erwägungen getrieben zu sein scheint. Jedes Mal, wenn Putin dem Westen die Stirn bietet, steigt seine Popularität bei durchschnittlichen Russen, die ansonsten allen Grund haben, sich Sorgen über die sich verschlechternde Wirtschaftslage ihres Landes zu machen.

Russland wird wahrscheinlich noch für einige Jahre eine erhebliche Unsicherheitsquelle bleiben, was auch schwerwiegende Folgen für die Politik in Europa hat. Manche europäischen Bürger mögen sich kaum für die Krim oder den Donbass interessieren, aber wenn die Donbass-Separatisten ein ziviles Flugzeug mit einer russischen Rakete abschießen, wird die Bedrohung durch Russland zumindest für normale Niederländer greifbar. Und wenn russische Geheimdienste den Überläufer Alexander Litwinenko mit Polonium zu ermorden versuchen, rückt Russland gewöhnlichen Londonern sehr nahe, die vielleicht zufällig einer tödlichen Strahlendosis ausgesetzt waren. Wenn russische Hacker, vermutlich mit staatlicher Unterstützung, Benutzernamen und Passwörter von 500 Millionen privaten E-Mail-Konten stehlen, betrifft ein Cyberkrieg mit Russland nicht mehr nur Geheimdienste, sondern ganz gewöhnliche Computernutzer in Europa. Die ohnehin schon große Unsicherheit und Verwirrung wird noch durch Behauptungen verstärkt, Russland finanziere einige konterrevolutionäre Parteien in Europa und versuche dort Wahlergebnisse zu beeinflussen.

In den kommenden Jahren wird wahrscheinlich auch die Türkei Unsicherheit schüren. Anders als Russland ist die Türkei ein NATO-Mitglied und ein EU-Beitrittskandidat. Millionen Türken leben und arbeiten in Europa. Lange Jahre galt die Türkei als stabilisierende Brücke zwischen Europa und dem Nahen und Mittleren Osten. In den ersten Jahren der Präsidentschaft Recep Tayyip Erdoğans hielt man die Türkei sogar für eine muslimische Musterdemokratie. Der fehlgeschlagene Militärputsch 2016 und Erdoğans harte Reaktion darauf verwandelten das Land jedoch in einen erheblichen Unruheherd. Das Referendum von 2017 verlieh Präsident Erdoğan weitreichende neue Befugnisse, aber die beiden wichtigsten Oppositionsparteien haben das Ergebnis angefochten. Ein möglicher Bürgerkrieg in der Türkei würde wahrscheinlich auf andere Länder mit hohem türkischen Bevölkerungsanteil wie Deutschland oder die Niederlande übergreifen. Ein Streit zwischen der EU und der Türkei würde vermutlich die EU-Blaupause zur Eindämmung der Migration zunichtemachen. Und Präsident Erdoğans Annäherung an Präsident Putin wird Zweifel an der türkischen Bündnistreue zur NATO schüren.

In die Liste potenzieller destabilisierender Akteure sollte man auch Europas langjährigen Hauptverbündeten, die Vereinigten Staaten, einbeziehen. Donald Trump stellte schon während seines Wahlkampfs einige liberale Grundpfeiler des transatlantischen Bündnisses infrage: Freihandel, offene Grenzen, multilaterale Diplomatie, Menschenrechte und sogar die europäische Integration. Kollektive Verteidigung und Abschreckung können nur funktionieren, wenn sie nicht Gegenstand von Spekulationen sind. Trump möchte sich in Bezug auf die Verteidigung Europas alle Optionen offenhalten. Eine solche Alles-ist-möglich-Politik ist ein Rezept für Anarchie, nicht für Sicherheit. Dabei rede ich noch nicht einmal über Trumps angebliche Verbindungen zu Wladimir Putin.

Viele europäische Liberale reagierten auf die Wahl Donald Trumps schockiert bis fassungslos. Eine im Februar 2017 in der Tageszeitung *Die Welt* veröffentlichte Umfrage ergab, dass nur 22 Prozent der Deutschen die Vereinigten Staaten für einen vertrauenswürdigen Verbündeten hielten, während es drei Monate zuvor, also vor Trumps Wahlsieg, noch 59 Prozent waren.[15] Aber amerikanische Präsidenten haben europäische Liberale auch zuvor schon oft im Regen stehen lassen. Erst vor einigen Jahren zog Präsident George W. Bush Europäer in Kriege hinein, die mit illiberalen Mitteln und zutiefst destabilisierenden Folgen geführt wurden. Und wir dürfen nicht vergessen, dass diese grauenvollen Kriege unter dem Banner der Freiheit begonnen wurden.

Keine Ordnung, sondern Durcheinander

Sicherheit ist immer relativ. So etwas wie absolute Sicherheit gibt es nicht. Vielmehr hängt sie von vielen verschiedenen Faktoren ab. Die üblichen Verdächtigen sind offenkundig ausländische und inländische Schurken, Unsicherheit wird aber auch geschürt von einem ineffektiven Staat, strategischer Unklarheit, moralischer Ambivalenz und Medienhypes. Sicherheit ist auch eine Frage der Wahrnehmung. Nicht alle Fälle von Gewalt lösen gleichermaßen ein Gefühl der Unsicherheit aus. In den letzten Jahren sind erheblich mehr Europäer durch Verkehrsunfälle gestorben als durch Kampfeinsätze oder Terrorangriffe. Aber in einer Atmosphäre des kollektiven Nervenzusammenbruchs, wie sie nach einer Serie von Terroranschlägen in Frankreich herrschte, ist es schwer, sich sicher zu fühlen.

Das Hauptsicherheitsproblem liegt darin, dass wir nicht mehr wissen, wer Feind und wer Freund ist. Wir wissen nicht, welche Art von Gewalt bald auftreten kann und wo. Eigentlich wissen wir nicht, welche Faktoren unterschiedliche Arten von Unsicherheit erzeugen. Die Globalisierung gefährdet anscheinend unsere Arbeitsplätze, Identität, Demokratie und sogar unsere persönliche Sicherheit, wie die Angst vor Migranten beispielhaft belegt. Aber wissen wir wirklich, was Globalisierung bedeutet, wohin sie führt und wer sie steuert? Kein Wunder, dass seltsame Spekulationen ins Kraut schießen. So erklärte Beppe Grillo von der Fünf-Sterne-Bewegung: »Der Dritte Weltkrieg ist bereits in Gang [...]. Er wird nicht auf einem Schlachtfeld mit Bomben ausgetragen, sondern in den Zeitungsredaktionen, in Fernsehsendern, auf den Führungsetagen der Banken, in Ratingagenturen und multinationalen Konzernen.«[16]

Man sagt uns, die Hauptgefahr sei derzeit eine hybride Kriegführung, aber wissen wir wirklich, was diese mysteriöse Mischung aus konventioneller und unkonventioneller Kriegführung bedeutet? Der Unterschied zwischen inländischer und internationaler Sicherheit verschwimmt ebenso wie der zwischen organisierter und spontaner Gewalt mit oder ohne klare politische Ursache. Staaten oder bekannte Terrorzellen sind nicht die einzigen Übeltäter, die es zu fürchten gilt. Verzweifelte Einzeltäter ohne militärische Ausbildung oder institutionelles Netz können ebenfalls viele Menschen töten, wie Anders Breiviks Massaker in Norwegen gezeigt hat. Kurz, die Lage ist unübersichtlich, ohne belastbare Lösungen, die Europäern ein Gefühl der Sicherheit vermitteln könnten. Das ist eine perfekte Grundlage, um öffentliche Hysterie zu schüren, nach passenden Sündenböcken zu suchen und die Regierungsfähigkeit der herrschenden Elite infrage zu stellen. Je hybrider, wenn nicht gar mysteriöser Gefahren sind, umso mehr fürchten wir sie. Zygmunt Bauman stellte fest: »Angst ist am beängstigendsten, wenn sie diffus, gestreut, unklar, ungebunden, unverankert, frei fließend ohne eindeutige Adresse oder Ursache ist; wenn sie uns ohne ersichtlichen Grund verfolgt, wenn die Bedrohung, die wir fürchten sollten, überall zu erahnen, aber nirgendwo zu sehen ist.«[17]

Selbstverständlich kann man der Post-1989-Elite nicht die Schuld an allem geben, was schiefgelaufen ist. Manche Sicherheitsprobleme hängen mit dem technologischen Wandel zusammen; so waren Cyberattacken in der Zeit vor 1989 unbekannt. Andere Probleme erwachsen aus langfristigen soziokulturellen Prozessen, die jenseits des europäischen Einflusses liegen; muslimischer Fundamentalismus in Nordafrika und im Nahen und Mittleren Osten hat vor allem lokale Wurzeln. Aber das Sicherheitsregime der Post-1989-Ära wurde auf eine Weise entwickelt und implementiert, die durchaus anfällig für Kritik war. Kein Wunder, dass konterrevolutionäre Politiker das wachsende Gefühl der Unsicherheit ausschlachten können.

Europas Sicherheitssystem vor 1989 war ungerecht, aber einigermaßen stabil. Die Sowjetunion stellte zwar eine drohende Gefahr dar, die jedoch durch eine robuste nukleare Abschreckung und die eindeutige Erstschlagdoktrin neutralisiert wurde. Die Militäretats waren hoch, aber Generäle wussten, was für ein klar definiertes Szenario eines potenziellen Konflikts gebraucht wurde. Der Zusammenbruch des sowjetischen Imperiums schuf das, was Liberale immer gewollt hatten: ein »ungeteiltes, freies« Europa. Die Begleiterscheinungen dieser großen Errungenschaft waren unklare Grenzen, Querverbindungen und wechselseitige Abhängigkeiten. Destabilisierung und Fehlinformationen besitzen in diesem eng verflochtenen Umfeld eine stärkere Wirkmacht. Sie können nicht nur von Staaten wie Russland, sondern auch von Terrorgruppen wie dem sogenannten IS genutzt werden. Dieser Tage ist es recht einfach, öffentliche Unruhe über Grenzen hinweg zu schüren, indem man Berichte über Ungerechtigkeit fabriziert.[18] Handel und Investitionen zu stören, wird zu einer gängigen internationalen Praxis. Mark Leonard formulierte es eloquent: »Aus der ›Mutual Assured Destruction‹ des Kalten Krieges ist eine ›Mutual Assured Disruption‹ geworden.«[19]

Mit dem Fall der Berliner Mauer und dem Zusammenbruch der alten Sicherheitsordnung bestand eine offenkundige Notwendigkeit zur Selbstreflexion und Selbstbeschränkung. Aber das Gegenteil ist geschehen. Vorschläge, eine neue paneuropäische Sicherheitsarchitektur zu schaffen, wurden von Verteidigungs- und Außenministerien nie aufgegriffen; stattdessen schritt die Erweiterung der NATO und der EU weiter voran und beunruhigte die russische Elite zunehmend. Befreit von den Beschränkungen des Kalten Krieges, begannen die Europäer, ihre Streitkräfte relativ ungezwungen zuerst auf dem Balkan, dann im Mittleren Osten einzusetzen. Die moralischen Argumente für diese Militäreinsätze waren bestenfalls zweifelhaft. Ist Töten der beste Weg, Töten zu verhindern? Können moralische Ziele durch den Einsatz »unmoralischer« Gewaltmittel erreicht werden? Es war viel von Multilateralismus die Rede, aber manche britischen und französischen Militärabenteuer fanden nicht einmal Unterstützung bei den anderen Europäern. Vor allem aber erreichten die meisten dieser Militärinterventionen nicht ihre erklärten Ziele. Manche verschlechterten die Sicherheitslage sogar, und zwar nicht nur für die unter Beschuss genommenen Länder, sondern auch für die Europäer selbst. Es gibt gute Gründe für die Annahme, dass diese Militärinterventionen Migrationswellen auslösten und Europa zum Ziel islamistischer Terroristen machten. Was haben die betreffenden Staaten getan, um sich auf diese Nebenwirkungen militärischer Abenteuer vorzubereiten? Sie können wohl kaum behaupten, diese hätten sie überrascht.

Das Vermächtnis der Revolution von 1989 ist also eine um sich greifende Unordnung, die Unsicherheit erzeugt. »Gerade zu dem Zeitpunkt, an dem die Weltordnung liberaler denn je ist, stecken sowohl die wirtschaftliche als auch die politische Dimension der liberalen Ordnung in der Krise«, stellte Georg Sørensen fest.[20] Das ist teils durch strategische Konfusion und intellektuelles Unvermögen bedingt. Europäische Liberale brüsteten sich damit, Emanzipation,

Gerechtigkeit, Demokratie und Entwicklung zu fördern, gaben aber die auf Macht und Profit ausgerichtete Politik nie auf. Sie versuchten, unvereinbare politische Ziele wie humanitäre Hilfe, Friedenssicherung und Friedenschaffung zu verfolgen, meist mit wenig Enthusiasmus oder Geld. Sie setzten auf internationale Institutionen, die geografisch und kulturell von normalen Bürgern losgelöst waren, Finanzunternehmen und Firmenanwälte auf Kosten der Verbraucher belohnten und immer mehr Macht an sich rissen, ohne einer wirkungsvollen öffentlichen Kontrolle unterworfen zu sein. Wie Jeff D. Colgan und Robert O. Keohane völlig richtig anmerken, haben Liberale »unausgewogene« internationale Institutionen geschaffen und »das Risiko, das sie darstellen, unterschätzt«. Aus diesem Grund »liegt ein gewisser Teil der Schuld für die Probleme der liberalen Ordnung bei deren Verfechtern«.[21]

Die liberale Sicht der Weltordnung war nobel, aber vage. Langfristig mögen Handel und multilaterale Diplomatie durchaus eine befriedende Wirkung haben, aber sie sind kein Allheilmittel für unmittelbare Sicherheitsbedrohungen und -risiken aller Art. Dennoch erklärten Liberale der Öffentlichkeit nie richtig, welche Sicherheitsziele sie verfolgen und wie sie diese umsetzen wollen. Wenn die Hauptbedrohung vom Terrorismus ausgeht, warum sollte ein Staat dann in extrem teure Atom-U-Boote investieren?[22] Wenn Russland eine unmittelbare Gefahr ist, werden tausend amerikanische Soldaten in Polen dann eine Abschreckung darstellen?[23] Und wird das Burkiniverbot an europäischen Stränden Terroranschläge verhindern?[24] Funktionäre erklären uns, all diese Maßnahmen trügen gewissermaßen zu unserer größeren Sicherheit bei. Das Problem ist nur, dass sie keine kohärente, geschweigen denn plausible Strategie bilden. In der Regel haben Staaten nach 1989 auf Gewalttaten oder Bedrohungen spontan und chaotisch reagiert.

Eine »Alles-geht-Politik«, die von einer Position zur anderen wechselt, ist wohl kaum effizient und beruhigend. Konterrevolutionäre Politiker mögen zwar allzu einfache Lösungen für komplexe Sicherheitsprobleme anbieten, aber der Post-1989-Elite fehlt es an einem plausiblen Paradigma, das Menschen aus dem Sicherheitsgewirr heraushilft. Europas Sicherheitspolitik ähnelt einer berühmten Passage aus einem Gedicht von T. S. Eliot: »Zeit für hundert Unentschlossenheiten / Und für Visionen und Verdrossenheiten / Bevor man Toast und Tee dann zu sich nimmt.«[25] Und eben das entlarven und kritisieren die konterrevolutionären Politiker. Viel mehr brauchen sie gar nicht zu tun, um Erfolg zu haben.

Kapitel 6
Barbaren vor den Toren

Du, Ralf, und ich waren die meiste Zeit unseres Lebens Migranten. Das hat uns über Migration auf voreingenommene, persönliche Weise nachdenken lassen. Weiße, internationale Akademiker wie wir wurden selten von Einwanderungsbehörden oder von der Polizei schikaniert, aber alle Migranten erleben irgendeine Form realer oder vermeintlicher Diskriminierung. Alle Migranten haben mit ihren Akzenten und Sitten zu kämpfen und stoßen auf Misstrauen und Vorurteile einheimischer Kollegen und Nachbarn. Alle Migranten machen sich Sorgen über ihren komplizierten rechtlichen Status. Man muss nicht dem Archetyp eines muslimischen Terroristen ähneln, um sich in einer europäischen U-Bahn, Schule oder einem Sportverein unwohl zu fühlen.

Die Erfahrungen von Migranten sind allerdings nicht durchweg negativ. Trotz möglicher Frustrationen mit dem Gastland entwickeln sie häufig eine liebevolle Beziehung zu ihrer neuen Heimat. Du hast mir einmal von deiner Liebe zu Großbritannien erzählt, die 1948 in Wilton Park bei Shoreham-by-Sea begann. Da du damals gerade eine »Umerziehung« mit deutschen Kriegsgefangenen durchmachtest, waren die Umstände deiner Liebesbeziehung recht seltsam. Später wurdest du sogar ein Fan des Fußballclubs Arsenal, so wie ich während meiner Zeit in den Niederlanden ein leidenschaftlicher Anhänger von Ajax Amsterdam und nach meinem Umzug nach Italien mehr noch von Fiorentina wurde.

Migranten kennen die Bedeutung von Grenzen und den Unterschied zwischen offenen und geschlossenen Grenzen. Meine erste Fahrt durch das geteilte Berlin werde ich nie vergessen. Unbarmherzige ostdeutsche Grenzschützer richteten ihre Maschinenpistolen auf jeden im Zugabteil und ihre Hunde bellten die Durchsuchten wie besessen an. Für mich war der größte Gewinn nach 1989 die Möglichkeit, frei von Angst und Restriktionen in mein Heimatland reisen zu können. Einen (niederländischen) Schengen-Pass zu besitzen, erleichterte das Reisen nicht nur innerhalb der EU, sondern in der ganzen Welt.

Aber nicht alle Migranten bekamen einen Schengen-Pass. Viele von ihnen wurden wieder in ihre Herkunftsländer abgeschoben, häufig, nachdem sie in ihrem Gastland jahrelang alle rechtlichen Mittel ausgeschöpft oder im Untergrund gelebt hatten. Die Migrationsmotive variieren ebenso wie die Umstände einzelner Migranten. Manche flüchten vor Krieg, andere vor Arbeitslosigkeit. Einige der erfolgreichsten Künstler, Akademiker und Unternehmer Europas sind Migranten, aber meist ist das Schicksal der Migranten von Armut oder gar Sklaverei geprägt. Der gegenwärtige politische Diskurs schert tendenziell alle Migranten über einen Kamm und ignoriert deren persönliche Geschichte und Träume. Aber bei Migration geht es immer um persönliche, emotionale Geschichten, die sich simplen Narrativen oder Statistiken entziehen.

Auch bei der Einstellung Einheimischer gegenüber Migranten geht es mehr um Emotionen und Symbole als um Interessen und Fakten. So war es schon immer. Migration gehört zur Menschheitsgeschichte und Politik gegenüber Migranten war kaum je Realpolitik. Sie drehte sich um den Umgang mit Vorurteilen und Ängsten, mit den fremden anderen, den Barbaren, wie man sie früher nannte. Vor dem ersten Opiumkrieg wurde Wei Yuan, ein Mitglied des

Großsekretariats am Kaiserhof der Mandschu-Dynastie, beauftragt, einen Bericht zu verfassen, wie man mit europäischen Migranten umgehen solle. Sein Rat war simpel: »Wer mit den Barbaren zu tun hat, muß die Gefühle der Barbaren kennen; wer ihre Gefühle verstehen will, muß ihre Verhältnisse begreifen.«[1] Ich wünschte, diese Logik würde auch im heutigen Europa vorherrschen, wenn es um den Umgang mit Migranten geht, allerdings ohne das Barbaren-Etikett.

Flüchtlingskrise

Es wäre falsch, anzunehmen, bei Ressentiments gegen Migranten ginge es ausschließlich um Fremdenfeindlichkeit und Rassismus. Teilweise, wenn nicht gar hauptsächlich, erwachsen sie aus dem dysfunktionalen System des Umgangs mit Migration. Sie wurzeln in Feindseligkeit gegenüber dem Ideal offener Grenzen, das vom liberalen Establishment unterstützt wird. Die Vision eines Europas ohne Mauern und Zäune wurde jedenfalls von liberalen Regierungen recht ungleich umgesetzt. Reiche Unternehmer konnten Grenzen wesentlich einfacher überqueren als arme Arbeitsuchende und politische Flüchtlinge. Das hielt Ressentiments gegen Migration in Schach. Als aber 2015 und 2016 über eine Million Flüchtlinge über Europas Grenzen kamen, nutzten konterrevolutionäre Politiker ihre Chance. Ihre seit Langem geäußerte Kritik an der liberalen Vision offener Grenzen und an deren schlechter Kontrolle gewann allmählich breitere öffentliche Unterstützung. Die muslimische Herkunft vieler Flüchtlinge machte sie zu leichten Zielen kultureller und religiöser Vorurteile. Eine Reihe von Terroranschlägen islamistischer Extremisten in ganz Europa trug selbstverständlich zur öffentlichen Besorgnis bei. Auf Migration einzudreschen, wurde zur wirkmächtigsten Waffe des antiliberalen Aufstands.

Die Flüchtlingskrise untergrub noch einen weiteren langjährigen Stützpfeiler des Liberalismus: die Achtung der Menschen- und Bürgerrechte. Wie Hannah Arendt und Giorgio Agamben argumentierten, kann man beides nicht in eins setzen und Liberale gestanden Flüchtlingen lieber Menschenrechte als politische Rechte in Form von Bürgerrechten zu. Das half den Konterrevolutionären offensichtlich, einen Flüchtling als das andere, minderwertige Wesen zu behandeln. Zudem hatten Liberale bei jedem Massenexodus Verzweifelter, die vor Krieg und Elend flüchteten, Mühe, einzelne Flüchtlinge menschlich zu behandeln. Sie wurden zu einem Massenphänomen, das institutionell zu bewältigen war, und es gab wenig Bereitschaft und Fähigkeit, jeden Flüchtling als Individuum mit eigener Geschichte und Rechten zu sehen. Tatsächlich erkannten Maßnahmen, die Menschen an der Flucht aus ihren Heimatländern hindern sollten, Flüchtlingen unverhohlen ihre Menschenrechte ab. Das auffallendste Beispiel dafür war die EU-Entscheidung, die Operation Mare Nostrum einzustellen, die verhindern sollte, dass Flüchtlinge im Mittelmeer ertrinken. Das offizielle Argument war, die Rettung verzweifelter Flüchtlinge ermutige andere, sich auf den Weg nach Europa zu machen. Laut der Internationalen Organisation für Migration ertranken 2015 mehr als 3770 Flüchtlinge im Mittelmeer und 2016 über fünftausend, aber das schreckte verzweifelte Menschen nicht ab, ihre Heimat zu verlassen.

Liberale behaupteten, ihr Verrat an liberalen Werten sei durch eine beispiellose Situation gerechtfertigt. Aber es gab nichts an dieser Situation, was noch nie da gewesen wäre. Der Erste und der Zweite Weltkrieg hatten für erheblich mehr Migration gesorgt und damals hatte es kaum eine effektive Governance gegeben. Auch die Vertreibungen und Umsiedlungen im Gefolge der indischen Teilung, der Indochinakriege, des Jugoslawienkrieges oder die ethnische Migration Deutscher aus der Sowjetunion waren umfangreicher als die jüngste Flüchtlingswelle in Europa.[2] Dieser Flüchtlingszustrom machte nur einen kleinen Teil der erheblich umfangreicheren Vertreibungsprozesse aus, die im Umfeld der EU zwanzig Millionen Menschen und weltweit sechzig Millionen Menschen betrafen. Durch ihn ist die EU-Bevölkerung um lediglich 0,2 Prozent gewachsen, die der Türkei dagegen um vier Prozent und die des Libanon um 25 Prozent – beide Länder sind weniger wohlhabend als durchschnittliche EU-Mitgliedsstaaten.[3]

Auch die grauenhaften Szenen am Keleti-Bahnhof in Budapest waren selbst nach modernen europäischen Maßstäben nichts, was man bis dahin noch nie erlebt hätte. Sie ähnelten Szenen, die sich 1991 nach der Ankunft eines Schiffes mit zwanzigtausend Albanern im Hafen von Brindisi abgespielt hatten. Der italienische Filmemacher Daniele Vicari hielt dieses Ereignis in seinem preisgekrönten Dokumentarfilm *La Nave Dolce (The Human Cargo)* fest.[4] Politiker sollten sich zur Fortbildung über Migration Vicaris Dokumentation anschauen.

In absoluten Zahlen nahm letztlich Deutschland die meisten dieser jüngsten Flüchtlinge auf, in relativen Zahlen Schweden, dennoch waren in diesen beiden Ländern die Ressentiments gegen Flüchtlinge keineswegs am stärksten. In Polen kam es zu besonders üblen Manifestationen antiislamischer und flüchtlingsfeindlicher Phobien, obwohl es dort nur eine Handvoll muslimischer Asylbewerber aus Tschetschenien und so gut wie keine Afghanen oder Syrer gibt. Dagegen beherbergt das Land eine Million ukrainischer Migranten, von denen viele vor Gewalt im Ostteil ihrer Heimat geflohen sind, aber antiukrainische Ressentiments werden in Polen nicht geäußert. Eindeutig ist die Angst vor Barbaren nicht unbedingt das Ergebnis unmittelbarer Begegnungen.

Konterrevolutionäre Rhetorik schürt häufig öffentliche Hysterie, die sich am deutlichsten äußert, wenn Flüchtlinge als Terroristen dargestellt werden. Viktor Orbán hat es kurz und bündig gesagt: »Alle Terroristen sind im Grunde Migranten.«[5] In Wirklichkeit wurden die meisten Terroranschläge der letzten Zeit auf europäischem Boden von Menschen begangen, die in Europa geboren wurden. Allerdings stimmt es, dass manche von ihnen das Chaos an Europas Grenzen nutzen konnten, um sich, als Flüchtlinge getarnt, zwischen den Kontinenten hin und her zu bewegen. So ist der belgische Staatsbürger marokkanischer Abstammung, Abdelhamid Abaaoud, der die Anschläge von November 2015 in Paris organisierte, die 129 Menschen töteten, nachweislich mit einer großen Gruppe von Flüchtlingen und Migranten von Nordafrika und dem Mittleren Osten durch Griechenland gereist.

Das bringt uns zur Frage der Grenzkontrollen. Europas liberale Regierungschefs versprachen eine umfassende, kohärente, humane und effektive Handhabung der Flüchtlingsfrage, die nicht nur die Symptome, sondern auch die Ursachen des Problems betreffen würde. In Wirklichkeit erreichte ihre Politik das Gegenteil und machte die Lage schlimmer statt besser. Militäreinsätze der Europäer und Amerikaner in Afghanistan und im Mittleren Osten töteten Tausende unschuldiger Zivilisten und trugen zur Instabilität bei, die zu Migration führte. Die meisten europäischen Länder hielten sich nicht an ihre Entwicklungshilfezusagen und ihre Bemühungen um den Staatenaufbau nach Konflikten waren begrenzt oder gar nicht vorhanden. Während des Arabischen Frühlings eilte Europa den demokratischen Kräften selbst in so relativ erfolgreichen Fällen wie Tunesien nicht zu Hilfe. Europäische Gelder flossen meist an Autokraten, die Abwanderung einzudämmen versprachen, allerdings mit spärlichen Erfolgen. Auch Patrouillen im Mittelmeer zwischen Europa und Afrika brachten nicht die versprochenen Resultate. Die Schließung einer Migrationsroute öffnete lediglich eine andere. Wenn eine größere Zahl verzweifelter Menschen als üblich beschloss, sich auf den Weg nach Norden zu machen, wirkten Europas offizielle Vertreter völlig überrascht, was angesichts der Kluft zwischen ihrem Reden und ihrem Handeln wiederum erstaunlich war.

Nach dem sogenannten Dublin-Verfahren mussten Flüchtlinge in dem EU-Land, in dem sie zuerst eintrafen, Asyl beantragen und, wenn sie nach der Registrierung über die Grenze in ein anderes Land wechselten, konnten sie zurückgeschickt werden. Das bedeutete eine überproportionale Belastung für Länder wie Griechenland und Italien, die zur Umsetzung dieser Regelung weder bereit noch imstande waren, wenn sie mit größeren Flüchtlingsbewegungen konfrontiert waren. Und da Menschen sich im Schengen-Raum ungehindert bewegen können, bestand das Dublin-Verfahren bloß auf dem Papier. Als Ungarn 2015 beschloss, diese Regelung umzusetzen, führte das zu den erschreckenden Szenen, die auf der ganzen Welt im Fernsehen und auf Handys mitzuerleben waren.

Später beschloss Deutschland, das Dublin-Verfahren auszusetzen, und übernahm freiwillig die Verantwortung, sämtliche Asylanträge von Syrern innerhalb seiner Grenzen zu bearbeiten. Vermutlich erkannte Angela Merkel, dass Deutschland Flüchtlinge nicht so inhuman behandeln konnte, wie Ungarn es tat, und sei es aufgrund der NS-Vergangenheit und den Praktiken in der DDR. Die deutsche Entscheidung stieß auf Kritik, weil sie nach spärlichen oder gar keinen Konsultationen mit den Regierungen besonders Ungarns, der Slowakei und Polens erfolgte. Die Regierungen dieser Länder weigerten sich zudem, die verbindlichen Quoten für die Verteilung von Flüchtlingen auf die EU-Mitgliedsstaaten zu akzeptieren. Eine verzweifelte Merkel handelte daraufhin ein Abkommen mit der Türkei aus: Als Gegenleistung für die Rücknahme von Migranten, die »illegal« aus der Türkei nach Griechenland gelangt waren, sagte die EU der Türkei zu, sich an der Finanzierung von Flüchtlingslagern zu beteiligen, ein neues Kapitel der EU-Beitrittsverhandlungen zu eröffnen und die Visumpflicht für türkische Bürger für die Einreise in die EU aufzuheben. In den ersten Monaten nach dieser Vereinbarung ging die Zahl der Flüchtlinge, die über die Türkei nach Griechenland kamen, tatsächlich zurück, aber die der Flüchtlinge, die über das Mittelmeer nach Italien kamen, stieg. So erlebten wir im Sommer 2017 erneut hektische EU-Treffen, auf denen nach einer Lösung gesucht wurde, allerdings ohne greifbare Erfolge. Italien blieb allein mit dem Problem, mit den Flüchtlingen fertig zu werden, und die Flüchtlinge blieben dem Wetter und den Schleppern ausgeliefert und den humanitären NGOs überlassen. Als der schwimmende »Friedhof« auf dem Mittelmeer den Rekord von »Neuankömmlingen« brach, eilten EU-Vertreter nach Libyen und boten den Warlords Bestechungsgelder im Tausch gegen die Schließung der Seegrenze an. Solche Tauschhandel haben sich in der Vergangenheit als ineffektiv erwiesen und schadeten dem liberalen Image Europas erheblich.

Die Chancen für einen EU-Beitritt der Türkei sind gering und sei es auch nur, weil die Regierung in Ankara sich manchen grundlegenden EU-Standards unverhohlen widersetzt, besonders nach dem gescheiterten Militärputsch 2016 gegen Präsident Erdoğan. Selbst die Abschaffung der Visumpflicht für Reisen zwischen der EU und der Türkei hängt in der Schwebe. In dieser Situation fragt man sich, ob das EU-Türkei-Abkommen von Dauer sein wird. Zudem ist es alles andere als sicher, dass die Türkei die Fluchtbewegungen eindämmen könnte, selbst wenn sie es wollte. Vor den türkischen Grenzen toben verschiedene Gewaltkonflikte und schon jetzt herrschen in türkischen Flüchtlingslagern schlimme Zustände.

Europa wird noch viele Jahre mit Flüchtlingsströmen konfrontiert sein. Die Aussichten, dass Krieg und Elend in Nordafrika und dem Nahen und Mittleren Osten bald enden, sind gleich null. Selbst die hohe Zahl der Todesopfer im Mittelmeer schreckt Menschen nicht von der Flucht aus ihren krisengebeutelten Heimatländern ab. Das Abkommen mit der Türkei ist ebenso anfällig wie das mit Libyen. Hastig errichtete Mauern und Zäune an verschiedenen Orten Europas haben kaum praktische Konsequenzen. Vergebens suchen europäische Staaten nach einer gemeinsamen Basis für den Umgang mit Flüchtlingen. Ihre Politik ist zunehmend illiberal und zudem nicht effektiv. In manchen Ländern ist es zu Angriffen fremdenfeindlicher Mobs auf Flüchtlinge und zu Brandanschlägen auf Einrichtungen humanitärer Organisationen gekommen, die Flüchtlingen helfen. In den meisten Ländern beginnen Wähler, konterrevolutionäre Parteien zu unterstützen, die mit Parolen gegen Flüchtlinge Wahlkampf machen. Nicht nur Migranten aus muslimischen Ländern geraten unter Beschuss, auch die Migration aus anderen europäischen Staaten wird infrage gestellt.

Fakten und Fiktion

Verstörende Bilder von Flüchtlingen auf der griechischen Insel Kos oder an der ungarisch-serbischen Grenze haben viele zu dem Glauben verleitet, Migration sei hauptsächlich durch Kriege in Europas unruhiger Nachbarschaft verursacht. Das ist jedoch nicht immer der Fall. Die größte Migrantengruppe in Irland stellen die Briten, in Spanien und Italien sind es Rumänen, in Österreich Deutsche. In anderen Ländern kommen die meisten Migranten aus Nicht-EU-Ländern; in Frankreich sind es Algerier, in Großbritannien Inder, in Deutschland Türken und in Polen Ukrainer. Das ist wirklich ein äußerst gemischtes Bild.

Frankreich und Großbritannien waren im Gegensatz zu Deutschland und Schweden von der letzten Flüchtlingswelle nur am Rande betroffen. Zuwanderung nach Großbritannien erfolgte größtenteils zu Arbeits- und Studienzwecken; weniger als fünf Prozent der Migranten beantragten in Großbritannien Asyl. In Frankreich besteht die größte Zuwanderergruppe aus Menschen, die ihrer Familie folgen oder eine Schule besuchen. Zudem ist Frankreich eines der wenigen europäischen Länder, in denen die Migration in den letzten Jahren abgenommen hat.

Das Gesetz unterscheidet zwischen Migranten, die Asyl suchen, und solchen, die aus anderen Gründen kommen. Der öffentliche Diskurs vereinfacht diese Dichotomie ein wenig und spricht von politischen Flüchtlingen und Wirtschaftsmigranten. Praktisch ist die Grenze zwischen den verschiedenen Gruppen allerdings verschwommen. Nur selten sind die Motive und Lebenslagen einzelner Migranten so einfach. Viele flüchten nicht, weil sie vom Staat verfolgt werden, sondern weil der Staat nicht imstande ist, mit lokaler Gewalt, Klimawandel und Nahrungsmangel fertig zu werden. Sie sind weder typische Wirtschaftsflüchtlinge noch politische Migranten, sondern eine neue, noch größere Gruppe von »Überlebensmigranten«, wie Alexander Betts sie nennt.[6]

Zuwanderer bleiben unterschiedlich lange, manche auf Dauer, andere pendeln zwischen ihrem Herkunftsland und ihrer neuen Heimat hin und her. Nationalität, Bildung und Kultur der Migranten bestimmen ihren rechtlichen Status, ihre Arbeitsfähigkeit und ihre Eingliederung in die örtliche Gemeinschaft. Kurz: Migranten lassen sich nicht so einfach klassifizieren; aus diesem Grund kann es keine Migrationspolitik geben, die für alle passt.

Auch die Einstellungen zur Zuwanderung sind komplex und schwer zu messen. Die Eurobarometer-Daten verzeichnen für das Vereinigte Königreich im Laufe der Zeit ein relativ hohes Maß an Besorgnis, für Frankreich dagegen ein relativ niedriges. In Deutschland begrüßten viele Bürger Syrer mit Blumen, aber die Statistiken der letzten beiden Jahre zeigen einen starken Anstieg jenes Prozentsatzes der Deutschen, die Migranten als ein Hauptproblem ihres Landes sehen.

Aus den Daten geht hervor, dass die Angst vor Migration verschiedene Ursachen hat, aber am stärksten ausgeprägt sind offenbar Sicherheitsbedenken, wirtschaftliche und kulturelle Befürchtungen.[7] Laut PEW Research Global Attitudes Survey von 2016 war die größte Sorge in Verbindung mit Flüchtlingen die Angst vor Terrorismus. Interessanterweise waren in Frankreich, wo in letzter Zeit die schlimmsten Terroranschläge begangen wurden, wirtschaftliche Ängste am stärksten ausgeprägt.

Kulturelle Befürchtungen sind nur schwer quantifizierbar. Eine Umfrage des Instituts IPSOS Mori Global Advisor befragte 2016 Menschen, ob Zuwanderung in ihrem Land eine Veränderung bewirke, die ihnen nicht gefiele, was viele bejahten, besonders in Frankreich (über 50 Prozent). In mehreren Umfragen war eine negative Sicht muslimischer Zuwanderer besonders ausgeprägt, obwohl sie in Ländern wie Deutschland und Schweden in den letzten Jahren abgenommen hat.

Kulturelle Ängste mögen zwar schwer quantifizierbar sein, werden aber von konterrevolutionären Politikern recht geschickt genutzt. Marine Le Pen sagte: »Zuwanderung ist ein organisierter Austausch unserer Bevölkerung. Das bedroht unser Überleben. Wir haben nicht die Mittel, diejenigen, die schon hier sind, zu integrieren. Das Ergebnis sind endlose kulturelle Konflikte.«[8] Wirtschaftliche Ängste in Zusammenhang mit Migration sind zwar einfacher zu messen, aber dennoch verwirrend. Statistiken deuten in der Regel darauf hin, dass Migranten eine Belastung für Arbeitsplätze und Sozialleistungen in den Gastländern darstellen. Andere Daten verweisen dagegen auf Lücken im Arbeitsmarkt, die von Migranten gefüllt werden, und auf die finanziellen Vorteile der Migration. Das geringe oder sogar negative demografische Wachstum in den meisten europäischen Ländern erfordert möglicherweise Zuwanderer aus außereuropäischen Ländern, um das Sozialsystem langfristig zukunftsfähig zu machen. Selbstverständlich beeinflussen langfristige Erwägungen nicht die Wahrnehmung der Bürger zur Migration und von den finanziellen Vorteilen profitieren nicht unbedingt diejenigen, die in den von Zuwanderung betroffenen Gegenden leben.

Zudem zeigen die Daten, dass sich häufig die Menschen die größten Sorgen über Zuwanderung machen, die in den am wenigsten davon betroffenen Gegenden leben.

Abgesehen von all den verwirrenden Statistiken, ist eines recht klar: In ganz Europa sind Menschen unzufrieden mit dem staatlichen Umgang mit Zuwanderung jeglicher Art. In Europa ist die Zahl der Migranten stetig gestiegen, obwohl Regierungen versicherten, diesen Trend umzukehren oder zu stoppen. Der Grund dafür ist teilweise, dass Migration sich nicht so einfach kontrollieren, geschweige denn unterbinden lässt. Weiterhin halten Staaten an der politisch opportunen Fiktion fest, sie könnten einseitig souveräne Kontrolle über Zuwanderung ausüben, die Wirklichkeit ist jedoch komplexer. So kommt die Mehrzahl der Zuwanderer legal über die Grenze und bleibt, nachdem ihr Visum abgelaufen ist. Diese Art der Migration einzudämmen, bedürfte erheblicher Einschränkungen internationaler Reisemöglichkeiten und die Einführung massenhafter polizeilicher Überwachung sämtlicher Einwohner.

Zudem sind Regierungen, die sich aus politischen Gründen hart über Migration äußern, aus wirtschaftlichen Erwägungen weich in ihrem Handeln. Migranten übernehmen nicht nur Arbeiten, die heimische Arbeitskräfte nicht erledigen wollen, sondern sind auch bereit, zu Bedingungen zu arbeiten, die Einheimische (aus guten rechtlichen Gründen) nicht zu akzeptieren bereit sind. Ohne Migranten könnte die neoliberale Wirtschaft ihr Ziel nicht erreichen, billigere und rechtlich weniger geschützte Arbeitskräfte zu bekommen. In dieser Hinsicht lässt sich die Migrationspolitik vieler europäischer Staaten als systemische Heuchelei bezeichnen.

Heuchelei und Täuschung haben allerdings ihren Preis, wie das Beispiel Großbritanniens sehr gut belegt. Nach der EU-Erweiterung 2004 nutzten die meisten Mitgliedsstaaten eine siebenjährige Übergangsphase, um sich auf den Zustrom neuer Migranten aus Osteuropa vorzubereiten. Großbritannien beschloss, Osteuropäer sofort ins Land zu lassen, um Lücken am Arbeitsmarkt zu schließen und das Wirtschaftswachstum zu stimulieren. In der Folge stieg der Anteil der EU-Arbeitskräfte über ein Jahrzehnt hinweg von 2,6 auf 6,8 Prozent, wobei die meisten aus Polen und anderen neuen EU-Mitgliedsstaaten kamen. Dieser Zustrom von Arbeitskräften hat Großbritannien eindeutig geholfen, aus der Rezession herauszukommen und auch zusätzliche Arbeitsplätze für Briten zu schaffen.[9]

Aber die Orte mit der höchsten Konzentration neuer ausländischer Arbeitskräfte erlebten einen »Kulturschock« und überfüllte Krankenhäuser und Schulen. Nach Ansicht von Experten war der Staat geschickter darin, von Zuwanderern Steuern zu kassieren, als in die heimische Infrastruktur zu investieren, um den Druck auf soziale Einrichtungen abzumildern. Statt ihre Fehler einzugestehen, schob die Regierung die Schuld für den Zustrom ausländischer Arbeitskräfte auf die EU und warf den Zugewanderten vor, sie beuteten das britische Sozialsystem aus. Dieser Vorwurf wurde nie durch Belege erhärtet.[10] Aus Zahlen der britischen Steuerbehörde HMRC geht hervor, dass EU-Migranten, die seit 2011 nach Großbritannien kamen, 2,5 Milliarden Pfund mehr an Steuern und Sozialversicherungsbeiträgen zahlten, als sie an Steuerbefreiungen und Kindergeld erhielten. Aber die Büchse der Pandora war geöffnet. Die Einstellungen gegen Zuwanderung breiteten sich so weit aus, dass sie zu wachsender Unterstützung für UKIP und zum Ja beim Brexit-Referendum führten. Das Letztere sorgte in Großbritannien für ein politisches Beben mit unbekannten Folgen. Auch die wirtschaftlichen Kosten des Brexits sind nicht bekannt, werden aber sicher die Kosten übersteigen, die eine Behebung der durch den Zustrom polnischer oder litauischer Arbeitskräfte verursachten sozialen Probleme erfordert hätte.

Das britische Wachstumsmodell ist nicht nur stark auf Handel, sondern auch auf einen offenen Arbeitsmarkt angewiesen. Die Wirtschaftswissenschaftler Jonathan Portes und Giuseppe Forte vom Kings College in London stellten fest: »Die negativen Auswirkungen der durch den Brexit veranlassten Reduzierung der Offenheit für Migration auf die Wirtschaft des Vereinigten Königreichs könnten durchaus ebenso groß sein wie die des durch den Brexit veranlassten Rückgangs im Handel.«[11]

Öffentliche Sorgen wegen des Zuzugs neuer Migranten sind verständlich. Migration nimmt aus verschiedenen Gründen zu und ihre Vorzüge sind für große Teile der Bevölkerung nicht ersichtlich. Außerdem ist es eine Tatsache, dass Politiker versucht haben, die Migrationsfrage für ihre parteipolitischen Zwecke auszuschlachten. Desinformation, Manipulation und Schuldzuweisungen waren im öffentlichen Diskurs an der Tagesordnung und schürten extreme Ansichten und politische Leidenschaften.

Konterrevolutionäre Politiker erwiesen sich in diesem chaotischen Umfeld als geschickter. Das Establishment sah sich in die Defensive gedrängt und ging zu politischen Maßnahmen über, die seinen erklärten liberalen Prinzipien zuwiderliefen. Mit der Zeit wirkten Liberale wie eine weichgespülte Version ihrer antiliberalen Gegner; der Unterschied zwischen ihnen lag in Rhetorik und Stil, nicht aber im Inhalt der gegen Migranten gerichteten Politik. Wie immer variierte das Bild je nach lokalen Umständen und beteiligten Akteuren. Manche Politiker, die sich für liberal hielten, wie Nicolas Sarkozy nahmen eine ähnliche Antihaltung gegen Zuwanderer ein wie ihre konterrevolutionären Gegner, während andere, die als illiberal gelten, wie Alexis Tsipras sich bemühten, Migranten human zu behandeln. Angela Merkel erntete Lob von Menschenrechtsaktivisten, weil sie syrische Flüchtlinge aufnahm, aber Kritik für ihr Abkommen mit Erdoğan, das Menschenrechtsbelange in der Türkei außer Acht ließ.

Bedenkt man die Komplexität dieses Problems, die stark divergierenden Ansichten dazu und das Ausmaß der beteiligten Emotionen, so wird Migration wahrscheinlich noch länger ein heiß umkämpftes Politikfeld in Europa bleiben. Simon Jenkins stellte völlig richtig fest: »Migration ist eine Tatsache des Lebens – aber unsere verblendete politische Führungsriege versucht eine Kehrtwende herbeizuführen [...]. Wir sollten lernen, damit umzugehen, nicht sie aufzuhalten.«[12]

Es gibt jedoch nicht die eine Lösung, geschweige denn eine einfache, für einen wirksamen und humanen Umgang mit Migration. Daher sollten Politiker ihren Wählern verschiedene Optionen präsentieren und versuchen, sie dafür zu gewinnen. Die Annahme, die Öffentlichkeit unterstütze immer fremdenfeindliche Kräfte, ist meiner Ansicht nach unbegründet. Aber sie bestraft wahrscheinlich Politiker, die einerseits versprechen, die Migration zu stoppen, und andererseits eine Wirtschaftsform fördern, die nicht ohne den Zustrom billiger Arbeitsmigranten auskommt. Es wäre naiv, anzunehmen, die Mehrheit der Europäer sei bereit, Flüchtlinge in ihren Häusern aufzunehmen, doch das heißt keineswegs, dass sie von ihrer Regierung erwarten, alle zu erschießen, die illegal über die Grenze zu kommen versuchen. Es ist eine Sache, Osteuropäer legal in Nordengland arbeiten zu lassen, dagegen ist es etwas völlig anderes, Sklavenarbeit auf den Plantagen Kalabriens zu dulden. Manche Wähler mögen es vorziehen, wenn Maschinen statt Migranten Patienten in europäischen Krankenhäusern pflegen. (Japan hat diesen Kurs bereits eingeschlagen.) Aber Politiker können Bürger nicht wie passive Konsumenten ihrer Propaganda behandeln. Vielmehr sollten sie die Expertise und den Mut besitzen, ihre eigenen Maßnahmen für eine andere Art der Migration zu präsentieren. Dabei reden wir nicht von einem besseren Narrativ zur Migration, sondern von einem echten Dialog mit der Öffentlichkeit über dieses heikle Thema. Liberale Politiker müssen und können demonstrieren, dass ihre Lösungen effektiver sind als die der konterrevolutionären Rebellen. Unterschiedslos auf alle Islamisten einzudreschen, bedeutet, dass Extremisten bei gewöhnlichen muslimischen Bürgern in den Niederlanden, Belgien, Frankreich und Deutschland Schutz finden. Polnische Migranten schlechtzumachen, kostet das Vereinigte Königreich den Zugang zum Binnenmarkt. Was ist das für ein Tauschhandel?

Einen weichen Populismus zu vertreten, lässt Liberale in den Augen der Öffentlichkeit nicht glaubwürdiger erscheinen. Simple Lösungen für komplexe Migrationsprobleme vorzuschlagen, wird vermutlich niemanden überzeugen, langfristig schon gar nicht. Dennoch haben Liberale dies immer wieder getan. Sie versuchten, die Leute glauben zu machen, Kriegsschiffe könnten die Migration aufhalten, die Bestechung von Diktatoren werde die nordafrikanischen Küsten verriegeln, die Lieferung von Lebensmitteln und Zelten in Flüchtlingslager im Mittleren Osten und in Afrika werde Flüchtlinge für immer dortbleiben lassen und Zuwanderung in so unterschiedliche Länder wie Schweden, Frankreich, Ungarn und Griechenland erfordere eine gemeinsame europäische Abhilfe. Als Innenministerin schickte Theresa May Lastwagen mit der Aufschrift »Go home« in Gegenden mit hohen Zuwanderungszahlen. Was wollte sie damit erreichen?

Wir können zwar darüber diskutieren, ob die oben erwähnten »praktischen« Maßnahmen liberal waren, aber es ist offensichtlich, dass sie nicht sonderlich effektiv und zuweilen sogar kontraproduktiv waren. Sie ließen Liberale nicht nur aussehen wie schwache Populisten, sondern auch wie inkompetente Trottel. Sobald Liberale mit Kritik konfrontiert waren, beschwerten sie sich lautstark, ungerecht behandelt zu werden. Alle, die nicht ihrer Meinung waren, prangerten sie als intolerant und bigott an. Das hat konterrevolutionären Politikern ihre Arbeit erheblich erleichtert. Nigel Farage bezeichnete die »Go-home«-Kampagne auf Lastwagen als »widerlich«, was einiges über den Schlamassel besagt, in dem Liberale sich befanden.[13]

Pragmatische gegen moralische Positionen

Ebenso wie du, Ralf, bevorzuge ich eine Diskussion über praktische Lösungen realer Probleme ohne jeden Moralismus. Wenn eine bestimmte Art von Migration als Gefahr gesehen wird, dann sollten wir uns Art und Ausmaß dieser Bedrohung ansehen. Sprechen wir über alle möglichen Maßnahmen, die unerwünschte Art der Migration einzudämmen oder sogar zu beenden. Bedrohungen sind immer etwas Graduelles. Wir können nicht unser Leben in Bunkern verbringen, nur weil die Straßen nicht hundertprozentig sicher sind. Es gibt eine Vielzahl pragmatischer Maßnahmen für den Umgang mit Flüchtlingen und Migranten: friedliche und gewaltsame. In Anbetracht der Tatsache, dass der gegenwärtige Migrationsdiskurs von Emotionen, Mythen und Lügen dominiert wird, würde eine gewisse Dosis Pragmatismus bereits einen Fortschritt darstellen. Ich fürchte jedoch, dass wir im Umgang mit Migranten moralischen Einstellungen nicht entgehen können. Es geht nicht nur darum, auf eine inhumane Behandlung von Migranten zu verzichten, sondern auch unsere Menschlichkeitsstandards praktisch durchzusetzen. Wohlwollende Vernachlässigung wird nicht reichen. Das ist eine Lehre der Geschichte. Bei der Flüchtlingskonferenz in Évian 1938 und erneut bei der Bermuda-Konferenz 1943 versagte die internationale Gemeinschaft in den Bemühungen, die Juden aus Deutschland und vom Balkan vor der Verfolgung durch die Nationalsozialisten zu retten. Wir kennen die Folgen dieser wohlwollenden Vernachlässigung.

Wohlwollende Vernachlässigung betrifft nicht nur Politiker, sondern auch gewöhnliche Bürger. In seinen Tagebuchaufzeichnungen zu seinen Besuchen auf dem Keleti-Bahnhof in Budapest 2015 schilderte Béla Greskovits die grauenvolle Lage der Flüchtlinge, die dort warteten; ein »Höllenlabyrinth«, wie er es nannte: So gab es nur eine einzige frei zugängliche Wasserleitung mit sechs Wasserhähnen und sieben Toiletten für Tausende Flüchtlinge. Greskovits verglich diese verheerende Erfahrung mit der Lage nur zwei U-Bahnstationen weiter, wo Einheimische und Touristen sich in Straßenrestaurants und Musikkneipen trafen. »Das ›normale‹ Leben geht weiter – neben einem Meer von Leid«, stellte Greskovits fest.

> Vielleicht ist es genauso, wie es immer war. Im Frühling und Sommer 1944, als ungarische Juden in Ghettos gezwungen wurden, um dort auf die Züge zu warten, die sie in die Gaskammern nach Auschwitz bringen sollten, spielten ungarische Theater Léhars und Kálmáns Operetten, Verdis Opern, Jazz kam nach Budapest, Leute gingen ins Kino, Kinder in die Schule, Arbeiter in die Fabriken und Christen in die Kirche. Manche Gutherzigen besuchten das Ghetto und brachten Lebensmittel, Getränke und andere dringend benötigte Dinge. Eine Zeitlang schien alles »normal« zu sein – während letztlich alles zutiefst abnormal war.[14]

Die gegenwärtige abnormale Situation ist von Politikern aus vielen verschiedenen Parteien verursacht, nicht nur von solchen, die als Populisten etikettiert werden. Auch Wähler, die diese Politiker und Parteien unterstützen, sind daran beteiligt. Die Unterscheidung zwischen liberaler und illiberaler Politik hat hier wenig Bedeutung. Der entscheidende Unterschied ist der zwischen Menschlichkeit und Barbarei. Du, Ralf, kannst dir denken, wer in Greskovits' trauriger Geschichte die Barbaren sind. Wir wollen unsere Länder nicht von Barbaren ohne jegliche Menschlichkeit regiert sehen. Wir wollen auch nicht, dass unsere Bürger grundlegende menschliche Instinkte verlieren.

Kapitel 7

Aufstieg und Niedergang der Europäischen Union

Die europäische Integration war immer ein Juwel in der liberalen Krone. Sie galt nicht nur als exemplarisches Projekt, sondern auch als Mittel zur Verbreitung liberaler Werte in Europa und darüber hinaus. Die Verkörperung der Integration – die Europäische Union – war ein Symbol des Friedens, des Wohlstands und der Chancen auf dem Kontinent. Sie wurde als effektives Instrument für den Umgang mit der Globalisierung gesehen, als mutiges Experiment in transnationaler Demokratie, als kluge Möglichkeit, Nachbarn zu stabilisieren, und als Vehikel, um Europas Rolle in der Welt zu stärken. Mark Leonard legte 2005 eloquent dar, »warum Europa die Zukunft gehört«, und erntete Lob von einem ganzen Chor liberaler Kommentatoren.[1]

Keine zehn Jahre später ist ein Eindreschen auf die EU und das Integrationsprojekt der sicherste Weg, Stimmen für die Konterrevolutionäre zu gewinnen. In vielen Politikbereichen sind lokale konterrevolutionäre Gruppierungen durchaus geteilter Meinung, aber in ihrer Opposition gegen die EU, ihre Führungskräfte, Regeln und Politik sind sie sich erstaunlich einig. Sie finden die EU bürokratisch, undemokratisch und abgehoben von den Sorgen und Nöten einfacher Bürger und werfen ihr vor, sie sei ein Agent der Globalisierung, der Arbeitsplatzvernichtung und des Sozialabbaus. Sie interpretieren die kosmopolitische EU-Kultur als Angriff auf nationale und religiöse Gefühle und halten ihr vor, sie erzeuge und dulde untragbare Migrationswellen. Nach Ansicht der Konterrevolutionäre profitieren Terroristen und gewöhnliche Kriminelle von den »durchlässigen« EU-Grenzen. Selbst für den Krieg in der Ukraine und die Instabilität im Nahen und Mittleren Osten und in Nordafrika wird die EU verantwortlich gemacht. Kurz: Die Macht der EU zu beschneiden oder die Union oder die Eurozone ganz zu verlassen, wird als beste Möglichkeit empfohlen, den einzelnen europäischen Staaten wieder zu Wohlstand und Sicherheit zu verhelfen. Die Konterrevolutionäre unterstellen oder hoffen, mit dem Ende der EU ende auch die liberale Ära. Sie versprechen, aus der Asche des Integrationsprojekts werde eine neue glorreiche Geschichte erstehen. Immer mehr Menschen sind versucht, dieses antieuropäische Narrativ zu glauben, und das nicht nur im Vereinigten Königreich. Der stärkste Rückgang der Unterstützung ist in traditionell proeuropäischen Ländern wie Griechenland, Italien und Spanien zu beobachten.

Wie lässt sich dieser dramatische Umschwung der öffentlichen Meinung erklären? Warum ist die EU selbst bei Experten nicht mehr so beliebt? Wie Andrew Moravcsik 2017 aufgezeigt hat, geht aus zahlreichen statistischen Daten hervor, dass die EU es in ihrer wirtschaftlichen, diplomatischen und sogar militärischen Leistungskraft nach wie vor mit den Vereinigten Staaten und China aufnehmen kann oder diese sogar übertrifft.[2] Warum wissen so viele Europäer das nicht zu würdigen? Wieso lässt sich Europas Potenzial nicht in ein entschlossenes Projekt verwandeln, hinter dem die meisten Europäer stehen?

Die offenkundigste Antwort dürfte auf die in diesem Brief beschriebenen Mängel des liberalen Projekts verweisen. Wenn Liberalismus und europäische Integration miteinander verflochten sind, bedingt der Erstere die Letztere. Man sollte jedoch auch alternative Erklärungen in Betracht ziehen. Vielleicht strebte Europa von Anfang an ein irregeleitetes Integrationsmodell an. Vielleicht passte es sich nicht an geopolitische und gesellschaftliche Veränderungen an.

Vielleicht wurden die Institutionen der Integration nur halb fertig aufgebaut und brachen unter dem Druck externer Schocks zusammen. Vielleicht wurde die EU zu einem Treiber des Zerfalls, der in Widerspruch zum liberalen Credo steht. Vielleicht war die Integration ohnehin keine gute Idee. All diese Vermutungen mit Ausnahme der letztgenannten haben meiner Ansicht nach etwas für sich.

Liberale Wurzeln

Die europäische Integration war von mehreren liberalen Grundüberzeugungen inspiriert, die nicht nur Liberale, sondern auch Christdemokraten und Sozialdemokraten seit 1945 teilten. Liberale waren immer der Auffassung, dass offene Märkte das beste Mittel sind, um Wohlstand und Chancen zu schaffen, gegen Partikularinteressen vorzugehen und die Freiheit der Menschen zu fördern. Die prominentesten Liberalen wie John Stuart Mill glaubten sogar, Handel schaffe Frieden, weil er Zusammenarbeit, Vertrauen und Offenheit erfordere.[3] Handel erzeugt zudem wechselseitige wirtschaftliche Abhängigkeit oder gar Verwundbarkeit, die Liberale als positive Aspekte sehen, weil sie die Geschicke der Staaten und Menschen eng miteinander verknüpfen. Nach Ansicht der Liberalen fördern gemeinsame Regeln und Institutionen die Kooperation und helfen, Konflikte beizulegen. Zudem bedarf es einer gewissen Zentralgewalt, um nicht nur das Trittbrettfahrerproblem einzudämmen, sondern auch Macht zu bündeln und auf Kollektivzwecke zu richten. Nicht alle Liberalen waren Nomaden (Immanuel Kant hat Königsberg kaum verlassen), aber sie waren Internationalisten, die krankhafte Formen von Nationalismus vehement bekämpften.

Die Erfahrung zweier grauenhafter Kriege im 20. Jahrhundert stärkte dieses normative Denken. Eine auf Mauern, Abschreckung und Kräftegleichgewicht basierende Sicherheitspolitik führte zu Millionen Todesopfern und wirtschaftlicher Zerstörung. Der absolute Souveränitätsbegriff, der den Schwerpunkt auf die nationale Wirtschaft und Jurisdiktion legte, stand offenbar zum Nachkriegskonzept der Moderne in Widerspruch. Wirtschaftliche Integration und transnationale Regulierung galten nun nicht nur als Mittel, Wachstum und Wohlstand zu fördern, sondern auch, Sicherheitsbedenken zu zerstreuen. In der Schuman-Erklärung von 1950 hieß es, die Europäische Gemeinschaft für Kohle und Stahl (Montanunion), ein Vorläufer der Europäischen Union, solle gewährleisten, dass ein Krieg zwischen historischen Rivalen »nicht nur undenkbar, sondern materiell unmöglich ist«.[4]

Spekulationen, wie das Nachkriegseuropa ohne die EG/EU ausgesehen hätte, sind sinnlos. Es stimmt zwar, dass viele Faktoren zu Frieden und Wohlstand beigetragen haben, aber einer von ihnen war sicher die europäische Integration. Das erkannte sogar die britische Tory-Regierung in den frühen siebziger Jahren an, als sie den Beitritt zur Europäischen Gemeinschaft als Mittel sah, das Wohl Großbritanniens zu fördern. Im Juni 1970 erklärte der britische Regierungssprecher Anthony Barber in einer Rede, in der er die britische Haltung zum gemeinsamen Markt darlegte, unmissverständlich: »Es ist völlig unrealistisch, die politischen und die wirtschaftlichen Interessen Europas zu trennen, denn unser Platz in der Welt und unser Einfluss werden weitgehend vom Wachstum unserer Ressourcen und der Geschwindigkeit unserer technologischen Entwicklung bestimmt. Wirtschaftswachstum und technologische Entwicklung erfordern heute, dass wir unsere Volkswirtschaften und unsere Märkte integrieren.«[5] Archivunterlagen zu vertraulichen Gesprächen, die vor vierzig Jahren innerhalb der britischen Regierung geführt wurden, bestätigen, dass Politiker kaum eine Chance auf einen Wirtshaftsaufschwung ihres Landes sahen, solange es außerhalb des europäischen Integrationsprozesses bliebe. Das ist jedoch Geschichte, zumindest, soweit es britische Torys angeht.

Es ist schwer, auszumachen, wann die Dinge in Europa schiefzulaufen begannen. Wirtschaftsexperten verweisen auf den Zusammenbruch des Bretton-Woods-Systems und die Ölkrise, die Europas beeindruckendes Wirtschaftswachstum verlangsamte. Spezialisten für Geopolitik sehen den Wendepunkt im Zusammenbruch des Kommunismus in Osteuropa, der eine enorme Belastung für das europäische Projekt mit sich brachte. Die EU hat eine dramatische Erweiterung erfahren, Deutschland ist nicht nur größer, sondern auch mächtiger geworden und neue Nachbarn haben Instabilität und Migration mit sich gebracht. Spezialisten für EU-Institutionen verweisen auf das Scheitern des europäischen Verfassungsprozesses durch die Referenden in den Niederlanden und Frankreich. Seitdem sind größere Reformen der EU schwierig, wenn nicht gar unmöglich geworden.

Welche Gründe die Verschlechterung der Lage Europas auch haben mag, war in den vergangenen zehn Jahren zu beobachten, dass die EU Auswirkungen zeitigt, die ihren ursprünglichen Intentionen zuwiderlaufen. Der Grundgedanke der EU war immer Effizienz, nicht Bürgerbeteiligung. Sie beruhte stärker auf dem modernen Kompetenz- und Fortschrittsbegriff als auf traditionellen Vorstellungen von Loyalität, Vertrauen oder Zuneigung. Im Gegensatz zur EU hatten Nationalstaaten ihre mythische lange Geschichte und demokratische Mechanismen, die sie mit ihren Bürgern verbanden. Aber sie waren zu klein und zu schwach, um mit globalen Handels-, Migrations- und Sicherheitszwängen fertig zu werden. Dank ihrer beeindruckenden Größe und Ausmaße konnte die EU vieles leisten, wozu die Einzelstaaten nicht imstande waren. Wäre irgendein europäischer Staat in der Lage, gegen einen Giganten wie Microsoft ein Bußgeld in Höhe von 1,6 Milliarden Euro wegen des Verstoßes gegen die Wettbewerbsbestimmungen zu verhängen? Genau das hat die EU geschafft.

Es stimmt schon, dass die Entscheidungsprozesse immer komplex, langwierig und dem kleinsten gemeinsamen Nenner unterworfen waren, aber das hat sie nicht daran gehindert, innerhalb und außerhalb ihrer Grenzen ihre Muskeln spielen zu lassen. Man denke nur an Ost- und Mitteleuropa, die die EU nach dem Zusammenbruch des Sowjetsystems durch ihre an strenge Bedingungen geknüpfte Erweiterungspolitik geschickt stabilisiert hat. Oder man nehme die beeindruckende Fähigkeit der Europäischen Kommission und des Europäischen Gerichtshofs, die Umsetzung des EU-Besitzstandes, bestehend aus über zwanzigtausend Gesetzen, Beschlüssen und Regelungen, durchzusetzen. Allerdings wirken die europäischen Institutionen gegenwärtig wie gelähmt und unfähig, bei den drängendsten Problemen Fortschritte zu erzielen. Einzelne Mitgliedsstaaten picken sich bei der Einhaltung europäischer Normen und Regeln nur die Rosinen heraus und die EU-Nachbarschaftspolitik läuft letztlich auf leere Floskeln hinaus. Nach drei aufeinanderfolgenden Rettungspaketen und zahlreichen Gipfeln glaubt kaum noch jemand, dass Griechenland seine Schulden je zurückzahlen wird. Es lässt sich auch nicht überzeugend behaupten, mehrere EU-Gipfel, die sich mit Wirtschaftsmigranten und politischen Flüchtlingen beschäftigten, hätten eine tragfähige, geschweige denn ethische Lösung für den Umgang mit ihnen gefunden. Russland wird trotz EU-Sanktionen die Krim nicht aufgeben. Die EU ist nicht einmal in der Lage, eine Führungsrolle bei Verhandlungen über Welthandel und Umweltschutz zu übernehmen, was früher zu ihren Spezialitäten gehörte.

Man kann sogar noch einen Schritt weitergehen und behaupten, die EU habe die meisten Probleme, mit denen sie sich gegenwärtig konfrontiert sieht, selbst hervorgebracht. Das liegt an den Mängeln, mit denen der Euro und auch das Schengen-System in ihrer Konstruktion behaftet waren. Dabei spreche ich nicht einmal von der Gemeinsamen Außen- und Sicherheitspolitik, die nie über sinnvolle diplomatische und militärische Mittel verfügt hat. Kurz, die europäischen Institutionen sind offenbar für ihre Zwecke nicht mehr geeignet, folglich ineffizient und untergraben das Grundprinzip, das hinter der EU steht.

Die europäische Integration sollte zudem den wettbewerbsfähigsten Wirtschaftsraum der Welt schaffen und nicht nur im Norden, sondern auch im Osten und Süden Europas dem »Stockholm-Konsens« zum Triumph über den »Washington-Konsens« verhelfen. Die wichtigsten Instrumente zur Erreichung dieser ehrgeizigen Ziele waren die Gemeinschaftswährung und der Binnenmarkt. Lange sah es so aus, als würden diese Ziele besser verwirklicht als erwartet. Die EG/EU sorgte für Wachstum, indem sie Wettbewerbsregeln durchsetzte und Hemmnisse für den Verkehr von Kapital, Gütern, Dienstleistungen und Menschen innerhalb ihrer Grenzen beseitigte. Sie schloss mit Drittstaaten Handelsabkommen, die Mitgliedsstaaten vor Exportländern mit niedrigeren Arbeits- und Umweltschutzstandards schützten. Sie half schwächeren Wirtschaftsakteuren (etwa Bauern im Privatsektor oder Regionen im öffentlichen Sektor), mit wirtschaftlichem Druck fertig zu werden. Sie öffnete und transformierte die Märkte von Nachbarländern durch die Beitrittsverfahren zur EU oder durch diverse Assoziierungsformen.

Das Wirtschaftswachstum war in Europa gleichmäßiger verteilt als in anderen Teilen der Welt, was Arbeitskämpfe entschärfte und zur Wettbewerbsfähigkeit beitrug. Schweden, Finnland und Dänemark mit ihren hohen Standards bei Sozialleistungen und Umweltschutzbestimmungen rangieren auf dem Globalen Index der Wettbewerbsfähigkeit (Global Competitiveness Index) ebenso hoch wie die Vereinigten Staaten. Deutschland, Österreich und die Niederlande schneiden trotz hoher Steuern und Sozialleistungen durchweg gut ab. Anfangs schien auch der Euro ein großer Erfolg zu sein, der Europa vor Finanzmarktschwankungen schützte und Transaktionskosten senkte. Momentan ist die Gemeinschaftswährung in Schwierigkeiten und untergräbt die Errungenschaften des Binnenmarktes. Selbst die stärksten europäischen Volkswirtschaften haben Mühe, Wachstum zu generieren, und Europas Sozialsysteme schrumpfen. Die Europäische Kommission ist anscheinend eifriger bedacht, auf dreißigtausend Lobbyisten in Brüssel zu hören als auf einfache Bürger auf dem ganzen Kontinent. Eigentlich hatte der Euro die Integration Europas fördern sollen, erreichte jedoch das Gegenteil; er verschärfte die Kluft und die Konflikte zwischen den Überschuss- und Defizitländern, den Import- und Exportländern, zwischen Nord und Süd.

Last, but not least sollte die europäische Integration der Machtpolitik ein Ende setzen. Große, reiche Staaten sollten kleine, arme Länder nicht länger bevormunden können. Vor allem sollte Europa nicht von Deutschland beherrscht werden. Gegenwärtig lenken einige wenige »Triple-A«-Staaten mit Deutschland an der Spitze Europa. Vorbei ist die Gleichberechtigung der Mitgliedsstaaten. Neue Verträge werden nur mit Blick auf einige wenige Länder geschlossen, es gibt reichlich äußere (willkürliche) Einmischung in innere Angelegenheiten und bei politischen Maßnahmen geht es vorrangig um Bestrafung statt um Unterstützung und Anreize.

Sackgasse

Du magst einwenden, meine Beschreibung der heutigen EU sei ungerecht, aber wie sonst ließe sich die im Vergleich zur Einstellung vor zwei bis drei Jahrzehnten dürftige öffentliche Zustimmung zur EU erklären? Sicher, viele Bürger sind auch mit ihrem Nationalstaat nicht zufrieden, aber dort können sie ihre ineffizienten Regierungen immerhin abwählen. Das ist in der EU kaum möglich. Bei den Europäischen Parlamentswahlen 2014 erhielten die von Nigel Farage geführte UKIP und der von Marine Le Pen geführte Front

National im Vereinigten Königreich beziehungsweise in Frankreich jeweils die meisten Stimmen und schlugen das gesamte liberale Establishment des linken und rechten politischen Spektrums.[6] Die Medien sprachen von einem Euroskeptiker-»Schock« oder »Beben«. Triumphierend erklärte Marine Le Pen den jubelnden Anhängern des Front National in der Parteizentrale in Paris: »Die Bevölkerung hat laut und deutlich gesprochen. Sie will nicht länger von Leuten außerhalb unserer Grenzen, von nicht gewählten EU-Kommissaren und Technokraten geführt werden.«[7]

Erstaunlicherweise machten Europas liberale Politiker weiter wie zuvor. In einem Anflug von politischem Wahn bezeichneten sie die Ernennung Jean-Claude Junckers zum Präsidenten der Europäischen Kommission sogar als »Triumph der Demokratie«, weil er der sogenannte Spitzenkandidat der Mitte-rechts-Koalition im EU-Parlament war. Wen kümmerte schon seine Verantwortung für Misserfolge wie den schwerfälligen Umgang der EU mit der Eurokrise oder das leichtfertige Herangehen an Steuervermeidung.[8] Ebenso erstaunlich war die Wahl Donald Tusks zum Präsidenten des Europäischen Rates. Tusk brüstet sich, er habe so gut wie keine Vision und keine Ideologie. Vor seinem Wechsel von Warschau nach Brüssel erklärte er in einem Interview mit dem Nachrichtenmagazin *Polityka*: »Ich bin fest davon überzeugt, dass gesunder Menschenverstand immer besser ist als Ideologie, Anstand besser als Visionen.«[9] Man kann sich des Eindrucks nicht erwehren, dass in der EU gegenwärtig visionslose Technokraten die Richtlinien der Politik bestimmen, während in der Politik visionäre Eiferer dominieren. Das lässt nichts Gutes für die europäische Integration ahnen.

Ich würde optimistischer klingen, hätte der konterrevolutionäre Druck auf dem gesamten Kontinent zu Selbstreflexion und Selbstverbesserung geführt. Aber die liberale Elite schwankt zwischen unrealistischen Föderalplänen und wohlwollender Vernachlässigung. Die föderale Perspektive geht davon aus, Europa sei ein halb fertiges Haus:

Es gibt gemeinsame Regeln, sogar eine gemeinsame Währung, doch keine echte gemeinsame Regierung. Das europäische Zentrum ist zu schwach, seine Bestandteile zu kontrollieren. Allerdings gibt es gute Gründe, warum das so ist. Der EU die Zuständigkeit für Wirtschaftsaufsicht, Besteuerung, Umverteilung und Sozialleistungen zu übertragen, würde einen erheblichen Souveränitätstransfer von den Mitgliedsstaaten an Brüssel bedeuten. Würden die Mitgliedsstaaten dem zustimmen? Das deutsche Bundesverfassungsgericht hat bereits in einem Urteil festgelegt, dass die Entscheidung über Einnahmen und Ausgaben der öffentlichen Hand beim Bundestag verbleiben muss.

Das führt zu einer weiteren wichtigen Feststellung: Eine EU, die für derart wichtige wirtschaftspolitische Bereiche zuständig wäre, bräuchte mehr demokratische Legitimität. Aus dem amerikanischen Unabhängigkeitskrieg stammt der berühmte Spruch: »Keine Besteuerung ohne Repräsentation.« Kann die EU eine solche Vertretung bieten? Bislang haben wir in Europa eine recht undurchsichtige parlamentarische Vertretung, die um Anerkennung durch europäische Bürger ringt. Obwohl das Europäische Parlament immer mehr Kompetenzen erhalten hat, beteiligen sich von Mal zu Mal immer weniger Bürger an dessen Wahl. In der Regel dienten diese Wahlen als Popularitätstests der jeweiligen nationalen Regierungen. Es ging dabei kaum je um europäische Angelegenheiten und sie entscheiden nicht über eine zukünftige europäische Regierung. Das Europäische Parlament hat kein Kabinett und kein Regierungsprogramm, das man unterstützen oder ablehnen könnte. Trotz der mit dem Vertrag von Lissabon eingeführten Veränderungen sind das Parlament, die Europäische Kommission und der Europäische Rat nach wie vor relativ unabhängig voneinander. Das politische Spektrum im Europäischen Parlament gliedert sich immer noch nach Nationalstaaten, nicht nur nach Parteizugehörigkeit, wie manchmal behauptet wird.[10]

Sagen wir es rundheraus: Die Schaffung einer Europäischen Föderation würde auf den kollektiven Selbstmord der Mitgliedsstaaten hinauslaufen. Warum sollten sie das tun? Schließlich sind sie so, wie die EU gegenwärtig konstruiert ist, alle deren Herren. Daher stimme ich Sergio Fabbrinis Einschätzung voll und ganz zu: »Die EU kann nie zu einem vollständigen parlamentarischen Föderalstaat werden, der die Mitgliedsstaaten in sich aufnimmt und in Bundesländer wie in Deutschland verwandelt. Die Nationalstaaten lassen sich nicht mit einem Federstrich abschaffen.«[11]

Auch die Alternative, sich mit wohlwollender Vernachlässigung durchzuwursteln, läuft auf Selbstmord hinaus, wenn auch über längere Zeit hinweg, weshalb er weniger dramatisch erscheint. Nach diesem Szenario wird die EU in der Hoffnung geopfert, dass die Nationalstaaten überleben und auf lockerere Weise zusammenarbeiten können. Der Zerfall schreitet versteckt und zuweilen mit Verzögerung fort. Europas Regierungschefs tun nur das Nötigste, um einen Finanzcrash und politische Konfrontationen zu verhindern, aber sie investieren ihre Karriere und ihre Ressourcen nicht in Reformen, deren Folgen ungewiss wären. Regelmäßig treffen sie sich, lächeln auf Gruppenfotos und posten beruhigende Tweets, aber ihre Politik läuft auf PR-Übungen ohne jegliche Bemühungen hinaus, die EU in sicheres Fahrwasser zu steuern. In der heutigen riesigen, vielschichtigen Union sind große Reformen umstritten, kleine jedoch nutzlos. Glaubt irgendjemand, dass ein vom Volk gewählter Präsident der Europäischen Kommission die Differenzen zwischen Gläubiger- und Schuldnerländern innerhalb der EU überbrücken könnte? Würden die Bürger das Europäische Parlament ernster nehmen, wenn es nicht mehr zwischen Straßburg und Brüssel pendeln würde?

Für gleichgesinnte und gleichartige Staaten war es immer verlockend, einen fest integrierten Kern zu bilden, allerdings war nie klar, wer dazugehören, welche Bereiche er abdecken und wie weit die Integration darin reichen sollte. Wenn Frankreich und Deutschland sich über bestimmte Grundfragen nicht einigen können, wie wahrscheinlich ist dann ein Abkommen zwischen mehreren Staaten? Außerdem würde es immer Staaten geben, die Sorge hätten, aus diesem Kern ausgeschlossen zu werden, und andere, die fürchten, dass sie nach dem Beitritt zu einem solchen Kern von anderen Mitgliedern beherrscht würden. Solche Fragen stürmen nun auf Präsident Macron ein, nachdem sein Drängen auf eine schlankere, straffere EU bei zahlreichen Ländern, unter anderen auch Deutschland, auf Widerstand gestoßen ist.

Angesichts all dieser Komplikationen mag es vernünftig erscheinen, wenig oder gar nichts zu ändern. Das Heikle ist jedoch, dass ein Durchwursteln die Probleme nicht löst, mit denen Europa konfrontiert ist; zudem schafft es einen Nährboden für konterrevolutionäre Politiker. Die Finanzkrise 2008 und die Flüchtlingskrise 2015 haben die Schwäche der europäischen Institutionen, die Konfliktlinien zwischen den Mitgliedsstaaten und die begrenzte öffentliche Unterstützung für europäische Bestrebungen offenbart. Was aussah wie ein überschaubares Finanz- und Migrationsproblem, wurde zu einer sozialen, politischen, kulturellen und sogar ideologischen Herausforderung. Plötzlich sind nicht nur ein bestimmter Vertrag oder eine Führungsposition unter Beschuss geraten, sondern die Zukunft des Integrationsprojekts mit seinen liberalen Grundlagen steht nun auf dem Spiel. Noch lebt die Europäische Union, aber es lässt sich kaum verhehlen, dass sie nicht richtig funktioniert. Die konterrevolutionären Kräfte schlachten die Schwachstellen der EU skrupellos aus, wie das Brexit-Referendum und seine Folgen zeigen.

Das Brexit-Dilemma

Der Brexit deckt zahlreiche Fallstricke und Mängel der europäischen Politik auf. Er zeigt, wie heikel es ist, wichtige europäische Entscheidungen unter unmittelbarer Einbeziehung der Bevölkerung zu treffen. Er illustriert, wie schwer es ist, die Beziehungen zwischen den Mitgliedsstaaten der EU auszuhandeln. Er belegt, dass antieuropäische Einstellungen den Weg für den Aufstieg illiberaler Politik ebnen. Vor allem demonstriert er, dass die EU nicht mehr imstande ist, Krisen zu ihrem Vorteil zu nutzen. Meiner Erwartung nach werden sowohl das Vereinigte Königreich als auch die EU nach dem Brexit geschwächt sein. Es würde mich nicht wundern, wenn beide in seiner Folge zerfielen.

In Europa gibt es eher eine repräsentative als eine plebiszitäre Demokratie. Referenden werden in Nationalstaaten mit Ausnahme von Ländern wie der Schweiz nur selten genutzt. Den Grund dafür habe ich bereits erklärt: Ein Referendum ist ein konfliktträchtiger Mechanismus, weil der Sieger alles bekommt und es keinen Anreiz für Kompromisse gibt. Referenden belohnen Demagogie, Hypes und Spin und zeitigen eher zufällige als faire und sinnvolle Ergebnisse. Das Problem ist, dass das System parlamentarischer Repräsentation in der EU undurchsichtig ist und Regierungen daher oft zu Referenden greifen, um ihre EU-Politik zu legitimieren. (In Ländern wie Dänemark oder Irland ist das sogar gesetzlich vorgeschrieben.) Da Wähler in der Regel wenig Einfluss auf europäische Politik haben, nutzen sie ein Referendum häufig, um ihrer Frustration Ausdruck zu verleihen. Vermutlich lässt sich daher das Ergebnis eines Referendums nie als selbstverständlich voraussetzen. Eines steht fest, wird aber nur selten zugegeben: Die Ergebnisse europäischer Referenden haben immer Auswirkungen, die nicht nur das jeweils abstimmende Land betreffen, sondern auch andere Mitgliedsstaaten und deren Bevölkerung, die nicht am Referendum eines anderen Landes teilnehmen konnte.

Es gibt gute Gründe für die Annahme, dass David Cameron das Brexit-Referendum abhalten ließ, um seine Stellung innerhalb der Tory-Partei zu konsolidieren, und dass er nicht mit einer Niederlage rechnete. In Anbetracht des Ausgangs früherer EU-bezogener Referenden in Staaten wie Irland, Dänemark, den Niederlanden und Frankreich ist das erstaunlich. Seine Verhandlungen mit der EU in den Monaten vor dem Referendum zeigten ebenfalls, dass er mehr an einer Beschwichtigung der Tory-Hinterbänkler als an einer Verbesserung der EU oder der britischen Position darin interessiert war.

Die Kampagnen der »Remain«- und »Leave«-Lager waren lang und quälend. Fehlinformationen, Schmutzkampagnen und Spin nahmen im Laufe der Zeit zu. Das zahlte sich offenbar für das »Leave«-Lager aus, das kaum substanzielle Argumente auf seiner Seite hatte und an – was Migranten betraf, zuweilen hässliche – Emotionen appellierte. Das »Remain«-Lager konnte die EU kaum besser erscheinen lassen, als sie ist, und verlegte sich zunehmend darauf, Angst zu schüren. Das kam bei der »stolzen« britischen Öffentlichkeit nicht gut an. Ich glaube nicht, dass viele Briten eine Nostalgie für imperiale Herrlichkeit hegen, das heißt jedoch nicht, dass sie jenen liberalen Regionalismus unterstützen, den die EU verkörpert.

Letzten Endes siegte Symbolismus über Realismus. Die ansonsten pragmatischen Briten beschlossen, einen Weg ins Unbekannte einzuschlagen. David Cameron verlor nicht nur das Referendum, sondern auch sein Amt. Heute ist Großbritannien stärker gespalten denn je und zwar nach politischen, regionalen und generationsbezogenen Konfliktlinien. Etwa 64 Prozent der über 65-Jährigen stimmten für den Brexit, 71 Prozent der unter 25-Jährigen dagegen.[12] Schottland stimmte mit 62 gegen 38 Prozent für den Verbleib des Vereinigten Königreichs in der EU – in allen 32 Verwaltungsgebieten erzielte das »Remain«-Lager die Mehrheit.[13]

Mittlerweile dominieren euroskeptische Fundamentalisten die regierende Tory-Partei, aber ihre Politik ist wenig sachkundig, widersprüchlich und selbst im Parlament nicht hinreichend diskutiert. Brexit-Befürworter versprachen, die Macht von Brüssel wieder nach Westminster zu holen, aber seit dem Referendum haben sie versucht, dem Parlament jegliches entscheidende Mitspracherecht über den Ausgang der Brexit-Verhandlungen vorzuenthalten. In Anbetracht des komplexen, vertraulichen Charakters dieser Verhandlungen werden die Bürger nicht viel Einblick, geschweige denn Mitspracherecht bekommen, was dort erörtert und entschieden wird. So viel dazu, dass Referenden die Bevölkerung ermächtigen.

Auf der anderen Seite des Ärmelkanals sieht es nicht besser aus. In Brüssel übernimmt niemand Verantwortung für den Schlamassel. Niemand beantwortet die Frage: »Wer ist für den Verlust eines der wichtigsten EU-Mitgliedsstaaten verantwortlich?« Europäische Regierungschefs schieben die Schuld einfach auf den perfiden Albion, aber wie schon das Sprichwort sagt, gehören dazu immer zwei. Die Vorstellung, dass eine Bestrafung des Vereinigten Königreichs andere Staaten von einem Austritt abschrecken wird, ist gefährlich. Je stärker Bürger sich von der EU schikaniert fühlen, umso mehr rebellieren sie. Außerdem würde eine »Bestrafung« Großbritanniens vielen Unternehmen und Konsumenten in der EU und nicht nur im Vereinigten Königreich schaden. Schließlich ist genau das die Logik wechselseitiger Abhängigkeit.

Europa wird sich lange Zeit auf die Brexit-Verhandlungen konzentrieren und viele andere wichtige Themen vernachlässigen. Denn diese Verhandlungen werden zwangsläufig mühsam verlaufen. Es ist nicht leicht, zwanzigtausend Gesetze und Regelungen des europäischen Besitzstandes zu entflechten; auf beiden Seiten sitzen zahlreiche Spieler mit Vetorecht am Verhandlungstisch; und unter den aufmerksamen Augen der Medien werden Emotionen im Verhandlungsprozess eine größere Rolle spielen als rationale Erwägungen. »Großbritannien muss seine neue gemeine Rolle annehmen«, drängte Tim Stanley im *Daily Telegraph*. »Wir wollen, dass die Welt uns für unseren Tee und unseren Anstand liebt. Aber in diesem Fall werden wir kämpfen müssen – und wenn das heißt, gemein zu handeln, um als gemein zu überzeugen, so sei es.«[14]

Dieses Mal wird Uncle Sam nicht da sein, um uns alle zur Vernunft zu bringen; Uncle Trump wird unsere Schwierigkeiten wahrscheinlich nur noch verschärfen. Der Brexit wird neue Konfliktlinien innerhalb der EU schaffen; schon jetzt versucht das Vereinigte Königreich Polen und Ungarn zu bestechen, um Unterstützung von ihnen zu gewinnen. Auch innerhalb des Vereinigten Königreichs wird der Brexit für neue Konfliktlinien sorgen; für Schottland und Nordirland steht bei den Brexit-Verhandlungen viel auf dem Spiel. Gegensätzliche Haltungen zum Brexit innerhalb der Tory-Partei wurden als einer der Gründe genannt, warum Theresa May 2017 vorgezogene Wahlen anberaumte, aber nach den Wahlen scheint die Partei noch stärker gespalten als vorher und ihre Brexit-Politik liegt offenbar in Trümmern.

Die Vorstellung, der Austritt Großbritanniens sei vielleicht sogar gut für die EU, ist absurd. »Nach dem Brexit können wir endlich eine echte europäische Verteidigung aufbauen«, raunte mir ein italienischer Diplomat zu. Aber die EU verliert damit eine der beiden ernst zu nehmenden europäischen Streitkräfte. Ein neues Gebäude in Brüssel macht noch keine europäische Verteidigung aus. Können tschechische und belgische Soldaten den Kern einer robusten europäischen Armee bilden?

Auch eine strengere Regulierung des Finanzsektors nach dem Austritt des neoliberalen Großbritannien aus dem Binnenmarkt sehe ich nicht kommen. Viele europäische Regierungen versuchen Milliardäre mit Sitz in London mit Steuervergünstigungen in ihr Land zu locken. Das läuft auf einen wirtschaftlichen Unterbietungswettbewerb hinaus, nicht auf eine Aufwärtsspirale. Einerseits werden wir noch mehr Steuerschlupflöcher und Protektionismus, andererseits mehr Firmenpleiten und ein größeres Prekariat erleben. Wie immer werden die Lasten ungleich verteilt sein und weitere Konflikte innerhalb und zwischen den Staaten schaffen. Das wird den Nationalismus auf dem ganzen Kontinent nur noch stärken.

Da Nationalstaaten die Wirtschaftsströme nicht mehr kontrollieren können, werden »Patrioten« sich darauf konzentrieren, die nationale Geschichte umzuschreiben, unter Nationalflaggen zu marschieren und die Nationalkultur zu fördern. Einiges davon ist im Vereinigten Königreich bereits zu beobachten. Philip Collins stellte in der *Times* zynisch fest: »Die britische Politik ist nach dem EU-Referendum ins Tal der Ignoranz abgestiegen. Gemeinsame Werte mit den Philippinen, die Farbe der Pässe, der Geist Elisabeths I., als sie in Tilbury zu ihren Truppen sprach, die versammelt waren, um die Armada zurückzudrängen, während wir wegen Gibraltar einen Krieg mit Spanien in Erwägung ziehen.«[15] Laut einer Erhebung des Meinungsforschungsinstituts YouGov für *The Independent* wollen 53 Prozent der Austrittsbefürworter, dass nach dem Brexit die Todesstrafe wieder im Vereinigten Königreich eingeführt wird, und 42 Prozent sind für die Wiedereinführung körperlicher Züchtigung an britischen Schulen.[16] Ich weiß nicht recht, ob das eher eine Tragödie oder eine Farce ist, aber ich weiß, dass es viele Jahre dauern und vielleicht auch viele Tränen kosten wird, diesen Schlamassel zu bereinigen.

Konsolidieren oder Neuerfinden

In den meisten Mitgliedsstaaten gehen Attacken gegen die europäische Integration Hand in Hand mit Angriffen auf die liberale Demokratie und den Freihandel, Migration und eine multikulturelle Gesellschaft, historische »Wahrheiten« und politische Korrektheit, gemäßigte politische Parteien und Mainstream-Medien, kulturelle Toleranz und religiöse Neutralität. Kurz: Es steht nicht nur die Zukunft der EU auf dem Spiel, sondern auch die Zukunft der liberalen offenen Gesellschaft.

Die konterrevolutionären Kräfte sind gut organisiert, finanziell gut ausgestattet und schlachten die Mängel der EU skrupellos aus. Dennoch können Liberale nicht so tun, als seien sie unschuldige Opfer eines böswilligen populistischen Angriffs. Die EU war eine vollständig von Liberalen kontrollierte Institution und sie sind teilweise verantwortlich dafür, dass sie die antieuropäische Kampagne relativ leicht, wenn nicht gar in gewissem Maße legitim gemacht haben. Zahlreiche Aufforderungen, die EU zu reformieren, wurden ignoriert, selbst wenn sie aus liberalen Intellektuellenkreisen kamen. Regelmäßig wurde das Argument vorgebracht, die EU könne nicht immer mehr Funktionen übernehmen, ohne der Bevölkerung adäquate Mittel der Repräsentation und Partizipation zu bieten. Demokratie und Verantwortlichkeit ließen sich auch durch eine Verteilung der Macht auf verschiedene Regulierungsbehörden regeln, die abseits des Hierarchiezentrums in Brüssel auf den ganzen Kontinent verteilt wären. Keines dieser Argumente hat die EU aufgegriffen.

Immer wieder wurde die EU gewarnt, es sei falsch, so zu tun, als seien die Spaltungen zwischen den Mitgliedsstaaten die einzigen, die wirklich zählten, und als gehe es im Grunde um eine Entscheidung für mehr oder weniger Europa. Die Ungleichheiten innerhalb der Staaten sind die Hauptursache der antieuropäischen Haltung. Griechen oder Italiener mögen sich zwar über deutsche Sturheit beklagen, aber die Hauptquelle ihrer Frustration sind Stagnation, Arbeitslosigkeit und Armut.

Appelle, die EU flexibler zu gestalten und stärker zu diversifizieren, wurden ebenfalls ignoriert. Statt sich auf Problemlösungsfähigkeiten zu konzentrieren, konstruierte die EU ihr Machtzentrum eher in Form einer Pyramide als in konzentrischen Kreisen.

Es kam auch das Argument, wenn eine europäische Integration erfolgreich sein solle, müsse sie von vielfältigen Akteuren, nicht nur von Staaten getragen werden. In den europäischen Entscheidungsgremien sitzen manche »gescheiterte« Staaten wie Griechenland und Ministaaten wie Lettland. Megastädten wie London, Paris, Stockholm, Mailand, Rotterdam und Hamburg, die den Großteil der Innovationen und des Wachstums in Europa generieren, ist der Zugang zu den europäischen Entscheidungsprozessen und Ressourcen verwehrt.[17]

Es liegt auf der Hand, dass grundlegende Reformen immer umstritten sind, dennoch sollte man sie ernsthaft in Erwägung ziehen und zumindest einen Versuch unternehmen. Es geht nicht darum, eine perfekte europäische Architektur zu schaffen, sondern konkrete Schritte vorzuschlagen und umzusetzen. Wir müssen ernsthafte alternative Visionen für die europäische Integration diskutieren und sehen, welche funktionieren können. Wir dürfen Reformen nicht nur vortäuschen und so tun, als sei die Bevölkerung auf unserer Seite. Der Präsident der Europäischen Kommission schlägt einen Plan nach dem anderen vor, ohne die entsprechende politische Unterstützung für seine Vorhaben zu gewinnen und sie mit angemessenen materiellen Ressourcen zu unterfüttern. Der Präsident des Europäischen Rates versucht dies nicht einmal. Die meisten liberalen Politiker möchten einfach nur das Bestehende vor den Angriffen konterrevolutionärer Politiker schützen. Aber die EU lässt sich nicht konsolidieren: Sie sollte neu erfunden werden.

Kapitel 8
Blick in die Zukunft

Dieser Tage kann man mit Zukunftsvorhersagen ein Vermögen verdienen. Die ständig wachsende »Zukunftsindustrie« sagt uns, wer die nächsten Wahlen gewinnen, welche Märkte Profite generieren, wo Terroristen zuschlagen und wann Roboter unsere Jobs übernehmen werden. Wir werden mit statistischen »Belegen« bombardiert, die sowohl Untergangstheorien als auch Aussichten auf kommende Größe untermauern. Im Fernsehen sehen wir unsere Akademikerkollegen und Politiker Wahrsager spielen. Manche gehen sogar so weit, zu behaupten, »die Zukunft hat keine Zukunft«, während andere uns auffordern, zu überlegen, wie die Welt »nach der Zukunft« aussehen könnte.[1] Aber wie du, Ralf, sehr wohl weißt, bekommen wir im Geschäft mit Zukunftsvorhersagen kaum je etwas für unser Geld. Wahrsager mögen Profite machen wie nie zuvor, liegen aber tendenziell ebenso falsch wie früher. Das Sowjetsystem war angeblich erstaunlich stabil, dennoch brach es ohne große Vorankündigung zusammen, was die westlichen Kreml-Beobachter in Verlegenheit brachte. Das Habsburger Reich war angeblich »verrückt, schlecht und regierungsunfähig«, dennoch hielt es sich über sechshundert Jahre lang.[2] Erst in ein bis zwei Jahrhunderten werden Historiker beurteilen, welche Fakten und Entscheidungen das Schicksal Europas bestimmt haben – vorausgesetzt, es gibt in jener fernen Zukunft überhaupt noch Historiker. Einer Historikergruppe sagte ihr Dekan kürzlich, Geschichte habe keine Zukunft, deshalb werde der Fachbereich geschlossen. Das alles heißt jedoch keineswegs, dass wir nur hoffen und beten könnten, vielmehr bedeutet es, dass unsere Überlegungen zur Zukunft höchst spekulativ und von unseren persönlichen Erfahrungen und Vorurteilen geprägt sind. Wie es aussieht, gilt nach wie vor Yogi Berras berühmter Spruch: »Es ist schwer, Vorhersagen zu machen, besonders über die Zukunft« – und das ungeachtet aller wissenschaftlichen Indizien.[3]

Zudem wird die Lage wahrscheinlich nicht in allen europäischen Staaten gleich sein. In manchen werden Liberale an der Macht bleiben, in anderen werden sie diese an die konterrevolutionären Kräfte verlieren. Gewinner und Verlierer werden ihre jeweils unterschiedlichen Ausprägungen haben: Die Wirtschaftslage in Österreich ist eine völlig andere als in Griechenland; das historische Vermächtnis Portugals ist von dem Bulgariens ebenso verschieden wie ihre geopolitische Lage. Nur in einem Punkt können wir uns sicher sein: nämlich dass die Zukunft recht chaotisch sein wird. Das heißt jedoch keineswegs, dass Europa zum Untergang verdammt wäre und es kein optimistisches Szenario gäbe. Das Ironische an der gegenwärtigen Situation ist, dass Europa nach wie vor ein relativ reicher, sicherer, gebildeter und gut organisierter Teil der Welt ist. Die meisten Probleme, mit denen Europa sich konfrontiert sieht, sind hausgemacht und lassen sich ohne externe, geschweige denn überirdische Kräfte lösen. Daher will ich mich nun mit der Frage befassen, was zu tun ist und wie es sich umsetzen lässt.

Eine Ausrichtung

Wir mögen zwar nicht wissen, was die Zukunft bringt, können uns aber durchaus klarmachen, welche Art von Zukunft wir bevorzugen, und dann versuchen, sie anzustreben. Manche geben sich damit zufrieden, alles so zu belassen, wie es ist, oder möchten die Uhr in eine mythische Vergangenheit zurückdrehen. Das gilt nicht nur für konservative Kreise. Viele Liberale sehnen sich nach den »guten alten Zeiten« liberaler Herrschaft und sind unglücklich über jegliche Veränderungen. Dabei denke ich an Unternehmer, die von neoliberaler Politik profitieren, an Journalisten, die ein Monopol auf die Weltsicht der Menschen genießen, und an Politiker, die Zugang zu üppigen Staatsressourcen haben. Mit diesen Gruppen von Liberalen habe ich wenig gemein. Ich weiß nicht einmal, ob sie die Bezeichnung liberal verdienen.

Andererseits gibt es Menschen, die eifrig die Zukunft erfinden und einer Utopie nachjagen. Häufig sind sie von noblen Ideen geleitet, neigen aber dazu, aggressiv und dogmatisch zu sein. Mir gefällt Oscar Wildes Überlegung, eine Welt ohne Utopie sei keines Blickes wert. Verschiedene Utopien haben menschlichen Fortschritt ermöglicht; aber manche Utopien scheinen einem »anderen Universum« anzugehören.[4] Radikale Denker sind oft der Ansicht, die Mittel heiligten den Zweck und Wandel müsse revolutionär sein. Die Geschichte des Kommunismus liefert ein gutes Beispiel für eine Diskrepanz zwischen Traum und Wirklichkeit. Tatsächlich hat während der gesamten modernen Geschichte die gewaltsame Durchsetzung höchst ambitionierter Visionen nie mit diesen erklärten Zielen in Einklang gestanden. Das rechtfertigt nicht Konservatismus, spricht aber für eine andere Herangehensweise an Wandel und Fortschritt.

Aus diesem Grund fühle ich mich zu liberalen Ideen hingezogen, die von einer Gruppe Intellektueller aus meiner angestammten Heimatregion Europas zwischen Hannover, Wien und Riga geboren wurden. Ich denke an Hannah Arendt, Isaiah Berlin und Karl Popper. Diese exemplarischen Liberalen forderten uns auf, eine »offene Gesellschaft« anzustreben, um den von Popper geprägten Begriff zu verwenden, dabei aber im Blick zu behalten, dass der Prozess, der zu diesem Ziel führt, ebenso wichtig ist wie das Ergebnis.[5] Sie standen sowohl der Revolution als auch der Konterrevolution kritisch gegenüber und wollten durch Argumentation, Beratung und Verhandlung, nicht durch Einsatz von Gewalt vorankommen. Du, Ralf, beschriebst deinen liberalen intellektuellen Helden so: »Popper dagegen ist ein radikaler Verteidiger der Freiheit, des Wandels ohne Blutvergießen, des Versuchs und Irrtums, aber auch des aktiven Marsches in das Ungewisse und daher der Menschen, die ihr eigenes Schicksal in die Hand nehmen.«[6] Das gibt uns heutigen Liberalen nicht viel, woran wir uns halten könnten, aber es ist besser, als irregeleitete utopische Projekte in Angriff zu nehmen oder gar nichts zu tun.

Sicher können wir uns darauf einigen, dass der Weg in die Zukunft von Normen und Werten geleitet sein sollte. Grundlegende liberale Werte wie individuelle Freiheit und Gleichheit, Toleranz und Antirassismus, Rechtsstaatlichkeit und rechenschaftspflichtige Macht, fairer Handel und diplomatischer Multilateralismus haben trotz aller in diesem Brief dargelegten Probleme ihre Relevanz nicht verloren. Sie mögen zwar leichter zu predigen als zu verwirklichen sein, aber es gibt keinen Grund zu der Annahme, die konterrevolutionären Rebellen könnten Fortschritt, individuelles Wohlergehen und Gemeinwohl gewährleisten, indem sie diese Werte infrage stellen. Bürger sollten die Freiheit besitzen, nach Glück zu streben, ihre Religion und ihre sexuelle Orientierung zu wählen, Wissen zu erlangen und zu verbreiten.

Dieses liberale Credo ist es wert, dafür zu kämpfen, allerdings nicht auf plumpe, verstockte Art und Weise. Liberale müssen zugeben, dass ihre Werte in einem gewissen Maße miteinander konkurrieren und vielleicht sogar unvereinbar sind. Am eloquentesten hat dies Isaiah Berlin dargelegt.[7] So sind Freiheit und Gleichheit als wichtige liberale Güter anerkannt, obwohl sie in der Praxis häufig kollidieren. Zudem ist jedes dieser Güter oder jeder dieser Werte inhärent pluralistisch: Es gibt eine positive und eine negative Freiheit und jede von ihnen ist komplex. Was ist wichtiger, die Informationsfreiheit oder das Recht auf Privatsphäre? Unterschiedliche Kulturformen bringen zudem unterschiedliche Wertvorstellungen mit jeweils eigenen Merkmalen hervor. Isaiah Berlin machte klar, dass all diese Komplikationen weder Relativismus noch Nihilismus nach sich ziehen, aber er versuchte uns vor grob vereinfachenden Annahmen und blindem Optimismus zu warnen.

Einige Entscheidungen sollten jedoch getroffen werden. In den vergangenen dreißig Jahren haben diejenigen, die sich Liberale nannten, der Freiheit Priorität vor der Gleichheit eingeräumt; wirtschaftliche Güter erhielten mehr Aufmerksamkeit (und Schutz) als politische; private Werte wurden höher geschätzt als öffentliche. Diese Prioritäten gilt es zu überprüfen. Grassierende Ungleichheiten haben Freiheit für weite Teile europäischer Gesellschaften zur Farce verkommen lassen. Wir haben aufgehört, die politischen (und moralischen) Folgen der auf immer mehr Wachstum, Wettbewerbsfähigkeit und Produktivität zielenden Wirtschaftspolitik infrage zu stellen. Der Privatisierungskult hat Staaten und Individuen immun gemacht für die Appelle der Benachteiligten in unseren Gesellschaften. Ohne Korrektur der normativen Agenda sieht die Zukunft des Liberalismus meiner Ansicht nach düster aus.

Eine offene Gesellschaft für das 21. Jahrhundert

Für Karl Popper ist die Gesellschaft offen, wenn sie »die kritischen Fähigkeiten des Menschen in Freiheit setzt«; dem stellte er die »Stammes- oder ›geschlossene‹ Gesellschaftsordnung, die magischen Kräften unterworfen ist«, gegenüber.[8] Die offene Gesellschaft war für Popper eine Form des sozialen Lebens und der Werte, die in diesem sozialen Leben traditionell geschätzt werden wie Freiheit,

Toleranz und Gerechtigkeit. Demokratie, verstanden als eine Reihe von Institutionen, war für ihn eine andere, wenngleich verwandte Sache. Er erwartete, dass die Regierung in der offenen Gesellschaft zugänglich und tolerant ist und politische Mechanismen flexibel und transparent sind.

Popper schrieb sein berühmtes Buch während des Zweiten Weltkriegs, aber ich bin ebenso wie du, Ralf, der Meinung, dass seine Ideen alles andere als überholt sind. Allerdings sollten wir Zygmunt Baumans Mahnung beherzigen: »Die ›Offenheit‹ der offenen Gesellschaft hat eine neue Bedeutungsnuance hinzugewonnen, von der Karl Popper nichts ahnte, als er den Begriff prägte.«[9] Offenheit bedeutet nicht nur, die eigene Unvollkommenheit und Unvollständigkeit zuzugeben, sondern meint heutzutage »eine Gesellschaft, die wie nie zuvor unfähig ist, mit einem Mindestmaß an Sicherheit den eigenen Kurs zu bestimmen und den einmal eingeschlagenen Weg gegen äußere Einflüsse zu verteidigen«.[10] Darunter versteht Bauman vor allem Nebenwirkungen »der selektiven Globalisierung von Handel und Kapital, Überwachung und Information, Waffen und Gewalt, Verbrechen und Terrorismus, die allesamt das Prinzip der territorialen Souveränität missachten und vor Staatsgrenzen nicht Halt machen.«[11]

Bauman empfiehlt nicht die Verstärkung oder Wiederherstellung der Grenzen. Er warnt lediglich, dass die Internationalisierung wirtschaftlicher Transaktionen, Kommunikationsflüsse, Migrationsbewegungen und regulatorischer Regime mittlerweile ein fester Bestandteil des Alltagslebens sind. Staaten mögen zwar versuchen, die Globalisierung aufzuhalten und vor allem ihre Grenzen zu sichern, aber solche Bestrebungen können meiner Ansicht nach nur teilweise erfolgreich sein und werden wahrscheinlich übel enden. Auf Identität gründende Forderungen nach mehr Grenzsicherung schlachten rassistische und religiöse Vorurteile aus oder fördern sie sogar. Es ist praktisch unmöglich, Migration zu bekämpfen, ohne bestimmten wichtigen Wirtschaftsbereichen zu schaden. Nationalen Wirtschaftschampions eine Vorzugsbehandlung einzuräumen, mag bestimmten Firmen nützen, aber nicht unbedingt der Bevölkerung als Ganzer. Protektionismus bringt häufig Handelskriege mit sich, ganz zu schweigen davon, dass er nichtwettbewerbsfähige Branchen belohnt und zur Verlagerung von Arbeitsplätzen führt. Das soll keineswegs ein grenzenloses Europa befürworten, das zu Chaos und Anarchie führen würde, vielmehr soll es eine Aufforderung sein, das Verhältnis von Territorium, Staatsgewalt und Rechten in Europa zu überdenken. Wir müssen akzeptieren, dass Nationalstaaten in der modernen Welt ihre Macht, diverse Arten wirtschaftlicher, kultureller und sogar militärischer Grenzen zu kontrollieren, verloren oder aufgegeben haben, und das heißt, dass wir auf neue Weise über Souveränität und Gesellschaftsverträge nachdenken müssen. Nationale Politiker mögen Kampagnen unter Bannern führen, die »britische Jobs für britische Arbeiter« oder »Frankreich zuerst« versprechen, aber in einer stark wechselseitig abhängigen und verflochtenen europäischen Umgebung sind das leere Floskeln und sogar gefährliche Parolen.

Daher glaube ich, Nationalstaaten sollten nicht länger die Regeln der europäischen Politik diktieren; Städte, Regionen und transnationale Organisationen sollten einen unmittelbaren Zugang zu europäischen Entscheidungsprozessen und Ressourcen erhalten. In den wenigen ersten Jahrzehnten nach dem Zweiten Weltkrieg konnten europäische Staaten ihre extensive Macht mit dem Anspruch legitimieren, dass sie als einzige für Verteidigung, Demokratie und Sozialstaat sorgen konnten. Gegenwärtig stellt eine Vielzahl öffentlicher und privater lokaler wie auch transnationaler Akteure diese und andere öffentliche Güter bereit. Auch die digitale Revolution hat zu erheblichen Veränderungen in den Bereichen Produktion, Kommunikation und Sicherheit geführt. Akteure wie Megastädte weisen in diesem neuen digitalen Umfeld viel bessere Leistungen auf als Staaten, generieren Innovationen und Wachstum, experimentieren aber auch mit neuen Formen lokaler Demokratie.[12] Die Verantwortung für die Sicherheit teilen sich Staaten, internationale Institutionen und örtliche Polizei, die gewöhnlich in Großstädten konzentriert ist. Diese neue Pluralität sollte sich in der Governance widerspiegeln. Selbstverständlich sind Staaten nach wie vor wichtige Akteure und ich sehe durchaus die Gefahr, diverse »Obrigkeitsschlupflöcher« zu schaffen, die bestimmte Unternehmen und Bürger ohne Jurisdiktion und Schutz lassen. Aber die konterrevolutionären Bestrebungen, Nationalstaaten wieder ins Zentrum von Wirtschaft und Politik zu rücken, sind vergebens und vielleicht kontraproduktiv. Zudem sind sie illiberal, weil sie Mauern errichten, die Unternehmen und Menschen trennen, Ausländer diskriminieren und internationale Institutionen demontieren.

Selbstverständlich ist es nicht nötig, eine Alles-oder-nichts-Haltung einzunehmen; Grenzen können in unterschiedlichem Maße offen oder geschlossen sein. Liberale können ihre eigene Vorstellung von Grenzen nicht per Dekret verordnen, sondern müssen Formen und Ausmaß von Migration und Handel mit ihren Wählern aushandeln. Auch Souveränität ist eine graduelle Frage. Sind Griechenland und Zypern gegenwärtig souverän? Wenn nicht, wer übt in ihrem Namen die Souveränität aus? Diese Fragen müssen wir eindeutig in einem offenen und hoffentlich einvernehmlichen Prozess klären. Liberale mögen transnationale Politik und Wirtschaft bevorzugen, beide erfordern jedoch tragfähige transnationale Obrigkeiten. Die einzige ernst zu nehmende Verkörperung einer solchen transnationalen Obrigkeit – die Europäische Union – befindet sich derzeit in einem Zerfallsprozess. Nationalstaaten mögen zwar leistungsfähiger sein, wenn es um das Knüpfen von Netzwerken mit europäischen Regionen, Städten, NGOs und Unternehmen geht, aber solche Netzwerke sollten transparent und rechenschaftspflichtig sein. Sie dürfen nicht als »schwimmende Inseln« über dem Gesetz stehen und frei von jeglicher Koordination und Aufsicht operieren. In diesem vielschichtigen, plurilateralen, nebulösen und zuweilen chaotischen europäischen Umfeld eine offene Gesellschaft anzustreben, ist alles andere als einfach, aber wohlwollende Vernachlässigung wird zu immer stärkeren konterrevolutionären Vorstößen führen. Antiliberale Aufrührer lauern nur auf unseren Mangel an Vorstellungskraft, Engagement und Standhaftigkeit.

Vorstellungskraft und Experimentierfreude

Wie lässt sich eine neue Vision der offenen Gesellschaft schaffen? Meine Antwort ist unprätentiös: Begnügen wir uns nicht mit dem Status quo, sondern versuchen wir zu experimentieren. Wehren wir Angriffe auf die liberale Bilanz nicht nur ab, sondern hören wir den Kritikern zu und suchen wir nach alternativen Möglichkeiten, liberale Politik zu betreiben. Versuchen wir, auf gesellschaftliche Bedürfnisse und Erwartungen einzugehen, indem wir vorwärts-, statt rückwärtsgehen. Liberalismus sollte für menschlichen Fortschritt und nachhaltige Entwicklung eintreten und nicht versuchen, das Rad der Geschichte zurückzudrehen, sei es auf dem Gebiet der Technologie, der Governance, der Gesellschaft oder der Umwelt.

Gegenwärtig fokussieren sich Liberale auf die Abwehr der konterrevolutionären Woge und investieren wenig Zeit in die Neuerfindung des liberalen Projekts. Das ist ein schwerwiegender Fehler. Dieser Brief hat immer wieder betont, dass der Liberalismus zu einer flachen Machtideologie mit schwindender Anziehungskraft für die Wähler verkommen ist. Zu viele dubiose Politiker haben sich dem liberalen Projekt angeschlossen, dessen Ideale pervertiert und seinem Ansehen geschadet. Die als liberal verbrämte Herrschaft hat viele Bürger in Armut und Unsicherheit gestürzt; sie dürften mit den Botschaften wohl kaum zufrieden sein: es sei keine Alternative zum liberalen Europa denkbar; es gebe keinen Plan B; wer einen Plan B in Betracht ziehe, sei gefährlich; nötig seien Belastbarkeit und Restitution.

In ganz Europa sollte ein Festival liberaler Ideen stattfinden. Liberale müssen überdenken, wofür sie stehen und wie sie sich nicht nur von Antiliberalen, sondern auch untereinander unterscheiden. Ein Cocktail aus zufällig zusammengewürfelten Werten, Programmen und politischen Maßnahmen, vereint durch die Notwendigkeit, die konterrevolutionäre Offensive zu überstehen, ist ein Rezept für eine Katastrophe. So zu tun, als sei dieser Cocktail die einzig »richtige« liberale Vision, ist falsch und politisch schädlich.

Nach meiner festen Überzeugung sollte die neue Version der offenen Gesellschaft der Pluralität, Heterogenität und Hybridität des von der Globalisierung geprägten Europa Rechnung tragen, aber mir ist klar, dass manche meiner liberalen Freunde fürchten, dies würde zu Chaos, Trittbrettfahrermentalität und Konflikten führen. Ich bin dafür, technologische Innovationen zu begrüßen und im Dienste der offenen Gesellschaft zu nutzen, allerdings lässt sich schwer leugnen, dass das Internet auch als Propaganda- und Unterdrückungsinstrument eingesetzt wird. Maschinen werden viele Arbeiten billiger und besser erledigen als Menschen, aber möglicherweise rauben sie auch vielen die Aussicht auf einen Arbeitsplatz. Ich sehe Migranten als kulturellen und wirtschaftlichen Gewinn, das heißt jedoch nicht, dass diejenigen unrecht hätten, die strengere Bedingungen für Zuwanderung fordern. All diese komplexen, wenn nicht gar kontroversen Fragen müssen wir diskutieren und nach praktischen Lösungen suchen, die liberale Grundwerte wie Offenheit und Toleranz, Rechte und Wohl des Einzelnen, Zurückhaltung, Inklusivität und Fairness widerspiegeln.

Ein innovativer Weg erfordert mehr als Dialog und Brainstorming; bestimmte Visionen und Programme sollten praktisch ausprobiert werden. Manche werden gelingen, andere werden den Realitätstest nicht bestehen und müssen durch andere Optionen ersetzt werden. Lass es mich wiederholen, Ralf: Liberalismus bedeutet, aktiv durch Versuch und Irrtum ins Ungewisse zu gehen. Er sollte weder den Status quo verteidigen noch irgendein Dogma verhängen.

Die schwierigste Aufgabe besteht darin, den Kapitalismus neu zu erfinden. Mir fehlen die nötigen wirtschaftlichen Fachkenntnisse, um einen Plan für eine solche Neuerfindung vorzuschlagen, und ehrlich gesagt, verwirren mich manche der gegenwärtigen Wirtschaftsdebatten. Ich neige dazu, Kate Raworth' radikaler These zuzustimmen, dass die meisten Wirtschaftstheorien sich um Jahrhunderte überlebt haben und nicht geeignet sind, die Herausforderungen des 21. Jahrhunderts – Klimawandel, Armut und Ungleichheit – anzugehen.[13] Heute interessieren sich Mainstream-Ökonomen mehr für abstrakte statistische Modelle als für moralische und philosophische Facetten von Wirtschaftstransaktionen. Sie debattieren über technische Aspekte der Handels- und Geldpolitik ohne jeden Ehrgeiz, ein neues umfassendes System politischer Ökonomie vorzuschlagen. Anders gesagt: Uns fehlen zeitgenössische Äquivalente zu Adam Smith, einem Vater liberaler Ökonomie (obwohl Amartya Sen, Dani Rodrik und Joseph Stiglitz diesem Ideal nahekommen).

Lässt sich kurz- bis mittelfristig irgendetwas Sinnvolles erreichen? Natürlich schlage ich nicht vor, die modernen Äquivalente zum Winterpalast zu stürmen, sei es Canary Wharf in London oder La Défense in Paris.[14] Ebenso wenig möchte ich abwarten, bis der Kapitalismus an seinen inneren Widersprüchen zerbricht. Vielmehr möchte ich Liberale drängen, die neoliberale Politik der Deregulierung und Privatisierung zu beenden, wenn nicht gar umzukehren. Diejenigen, die (oft virtuelles) Geld besitzen, sollten nicht ungehindert Arbeiter ausbeuten, die Umwelt verschmutzen und sich allgemeines Kulturerbe aneignen können. Sie sollten angemessen besteuert und für Verstöße gegen Gesetze und Regulierungen zur Rechenschaft gezogen werden. Unternehmen sollten verpflichtet werden, Arbeitnehmer und Verbrauchervertreter in ihre Verwaltungs- und Aufsichtsräte aufzunehmen.

Mir erscheint es wichtig, das Streben nach Unternehmenseffizienz und soziale Gerechtigkeit in ein Gleichgewicht zu bringen. In den letzten Jahren haben Liberale das Erstere auf Kosten der Letzteren in den Vordergrund gerückt. Diese Prioritätensetzung müssen sie korrigieren und an digitalisierte transnationale Märkte, besonders an die Finanzmärkte, anpassen. Die Tobin-Steuer auf Finanztransaktionen ist einer der Vorschläge, die man ebenso ausprobieren sollte wie diverse Formen von Parallelwährungen und »Zeitkonten«. Zudem sollten wir verschiedene Arten der Sharing Economy unterstützen. Mir ist durchaus bewusst, dass TaskRabbit oder Zipcar den Kapitalismus nicht heilen werden, aber es geht darum, Experimente zu fördern, die uns aus dem gegenwärtigen neoliberalen Dilemma heraushelfen können. Paul Mason stellte so richtig fest: »Mittlerweile hat sich der Kapitalismus verändert: Er ist global, fragmentiert, auf Entscheidungen in kleinem Maßstab, Zeitarbeit und vielfältige Qualifikationen ausgerichtet.«[15] Der neoliberale Kapitalismus muss mit konzertierten Bemühungen von unten und von oben angegangen werden, mit einer Mischung aus Anreizen und Sanktionen, mit gezielten Maßnahmen gegen so pathologische Erscheinungen wie Steueroasen und Armut, aber auch mit »Diplomatie«, die Arbeitgeber und Arbeitnehmer, Produzenten und Konsumenten, Banker und ihre Kunden zusammenbringt.

All diese Maßnahmen müssen auf transnationaler Basis erfolgen und wir müssen mit verschiedenen Formen transnationaler Wirtschaftsregulierung experimentieren; auf die gegenwärtig dysfunktionale EU zu vertrauen, genügt nicht. Wir brauchen ein vielstimmiges Europa mit einer Vielzahl funktionierender integrativer Netzwerke, die nicht vertikal, sondern horizontal organisiert sind.[16] Die gegenwärtige Schwerpunktsetzung auf territoriale statt funktionale Governance schert Staaten ungeachtet ihrer tatsächlichen Bedürfnisse und Situation über einen Kamm und schafft eine künstliche europäische Grenze mit privilegierten Insidern und diskriminierten Outsidern. Sie macht es exterritorialen Akteuren schwer, sich dem Integrationsprozess anzuschließen. In Wirklichkeit betreffen unterschiedliche Aufgaben unterschiedliche Territorien und Akteure und erfordern daher diversifizierte räumliche und institutionelle Regelungen. Das Entscheidende ist nicht nur, dass beispielsweise Seeverkehr manche Staaten, Regionen und Städte stärker betrifft als andere, sondern dass auch die Leistungsfähigkeit dieser öffentlichen Akteure von einem Bereich zum anderen und von Ort zu Ort variiert. Man vergleiche nur die Fähigkeit, Steuern einzutreiben, in Schweden und in Bulgarien oder in Nord- und Süditalien.

Jenseits parlamentarischer Repräsentation

Neues Denken ist vor allem auf dem Gebiet der Demokratie erforderlich. Heutige liberale Politiker haben eine Aversion gegen jegliche Experimente, aber das System der parlamentarischen Repräsentation steckt in tiefgreifenden Schwierigkeiten und wir müssen nach komplementären oder gar alternativen Lösungen suchen. Ich habe jegliches Vertrauen in das Europäische Parlament verloren, als es Anfang 2017 Antonio Tajani zu seinem Präsidenten wählte. Tajani ist ein enger Vertrauter Silvio Berlusconis, half ihm in den neunziger Jahren, an die Macht zu gelangen, und rechtfertigte als dessen Pressesprecher zahlreiche Beleidigungen. Korruption und Sexskandale holten Berlusconi letztlich ein, aber Tajani nutzt (missbraucht) nun seine Position in Brüssel, um Berlusconis Rückkehr in die italienischen (und europäischen) Machtgefilde zu inszenieren.

Das Repräsentationssystem des Europäischen Parlaments ist, wie gesagt, undurchsichtig und vermutlich irreparabel. Daher sollte man es das tun lassen, was es am besten kann: eine gewisse Kontrolle und Aufsicht über europäische Institutionen ausüben, ohne vorzugeben, eine souveräne paneuropäische Versammlung von Volksvertretern zu sein.

Auch wenn ich die Hoffnung auf wesentliche Verbesserungen des paneuropäischen Repräsentationssystems aufgegeben habe, glaube ich doch, dass sich nationale Parlamente reformieren lassen. Sie können dafür sorgen, dass ihre Zusammensetzung die Meinungen und das soziale Spektrum der Wählerschaft besser repräsentiert. Sie können die Kommunikation mit ihren Wählern verbessern und zulassen, dass große Bürgergruppen Gesetzesinitiativen einbringen.[17]

Parlamentsreformen werden jedoch keine Wunder vollbringen, daher müssen wir versuchen, die Demokratie auf anderen Stützpfeilern als der Repräsentation zu gründen: vor allem auf Partizipation, Deliberation und Auseinandersetzung. Nadia Urbinati legte überzeugend dar, wir sollten nicht unterstellen, in der Demokratie gehe es hauptsächlich um Repräsentation: »Demokratie ist ein griechisches Wort ohne lateinisches Äquivalent«, dagegen ist Repräsentation »ein lateinisches Wort ohne griechisches Äquivalent«.[18] Die Verbindung von Repräsentation und Demokratie ist also ein historisches Phänomen, das möglichweise nicht für immer bestehen wird.

Partizipation bezieht sich hauptsächlich auf Lokales; je größer die Einheit, umso schwerer lassen sich Bürgern sinnvolle Formen der Teilhabe anbieten. In einer größeren Einheit ist das Entscheidungszentrum weiter entfernt und der Einfluss einer Einzelstimme wird mit zunehmender Größe der Wählerschaft geringer. Das haben Generationen von Politiktheoretikern von Jean-Jacques Rousseau über Immanuel Kant bis zu Robert Dahl vertreten. Dennoch wird die lokale Demokratie nach wie vor unterschätzt und zu wenig entwickelt. Die meisten der jüngsten Reformen, die auf Regionalisierung und Dezentralisierung abzielten, stärkten die Macht lokaler Eliten statt die lokaler Bürger. Der Hauptgrund dafür ist, dass diese Reformen von den Führungsspitzen der Parteien organisiert wurden, nicht von Graswurzelbewegungen. Mich beeindrucken eher echte lokale Initiativen wie der in Barcelona praktizierte *municipalismo*. Tatsächlich haben mehrere europäische Städte bereits angefangen, mit neuartigen Formen lokaler Demokratie zu experimentieren. Wir sollten die erfolgreichsten davon untersuchen und fördern. Giovanni Sartori betonte nachdrücklich: »Echte Demokratie kann nur und muss partizipatorische Demokratie sein.«[19]

Deliberation erfolgt zunehmend in Form von E-Demokratie. Digitaltechnik bietet neuartige Möglichkeiten nicht nur der Beratung, sondern auch der Partizipation an öffentlichen Angelegenheiten und an der Kontrolle von Amtsinhabern. Das Internet kann die Kluft zwischen Staat und Bevölkerung verringern und Grenzen erstaunlich leicht überwinden. Ohne das Internet wäre die Vorstellung einer kosmopolitischen Demokratie reine Fantasie. Digitale Kommunikationstechnik ermöglicht einer Vielzahl lokaler politischer Akteure den Zugang zu internationalen Arenen, die früher ausschließlich Nationalstaaten vorbehalten waren. Dank des Internets können sogar Menschen, die geografisch unbeweglich sind, Teil globaler oder regionaler Politik werden. NGOs, indigene Völker, Einwanderer und Flüchtlinge können nun Forderungen an Staaten und internationale Gremien stellen oder oppositionelle Politik betreiben. All das hat Saskia Sassen anschaulich illustriert.[20]

Die Schlussfolgerung dieser Analyse ist einfach: Das Internet hat die Bedeutung der Demokratie ebenso verändert wie die Erfindung des Buchdrucks. Schon ein flüchtiger Blick auf Facebook und

Twitter genügt, um das bis dahin unbekannte Ausmaß zu erkennen, in dem Bürger über öffentliche Angelegenheiten debattieren. Manche der Beiträge sind nicht unbedingt ein Vorbild aufgeklärten Diskurses; aber die Regierung unter die Lupe zu nehmen und zu kritisieren, ist das tägliche Brot der Demokratie. Das Internet hat auch zu mehr Formen institutioneller Deliberation und Aufsicht geführt: Online-Umfragen und Petitionen, Fokusgruppen, Bürgerdialoge, offene soziale Foren, Peer-to-Peer-Netzwerke, Deliberationsforen, Crowdsourcing, Online-Chats und Entscheidungsfindung in Gruppen, digitale Lobbydienste, E-Learning und E-Partizipation haben in den letzten Jahren eine Hochblüte erfahren.

Zu deiner Zeit, Ralf, sprach noch niemand von »Wiki-Demokratie« (in der verschiedene soziale Netzwerke auf einem Wiki das Programm einer »Schattenregierung« entwerfen) oder von speziellen Formen der Delphi-Methode (die offene Kommunikation selbstorganisierter virtueller Communitys mit der strukturierten Kommunikation geschlossener Panels, denen auch Politiker angehören, kombiniert). Heutzutage sorgen diese digitalen Initiativen mit ausgefallenen Namen dafür, dass Politiker, Parteien und gewählte Regierungen permanent »auf Draht sind«, um John Keanes Ausdruck zu verwenden.[21] Sie stellen die Autorität formaler Institutionen infrage, zwingen Politiker zur Änderung ihrer Agenda und brechen seit Langem bestehende Vereinbarungen mit Konzernen auf. Laut Keane geht es in der Demokratie um selbstverwaltete Netzwerke, die traditionelle politische Institutionen kontrollieren und sie zwingen, regelmäßige Anpassungen ihrer Politik vorzunehmen. Demokratie besteht nicht mehr aus dem Delegieren von Macht an gewählte Amtsinhaber in den Grenzen von Territorialstaaten und auch nicht aus der Umsetzung des gemeinsamen »Willens« der jeweiligen (nationalen) Mehrheit durch eine Regierung.

Ich bin nicht sicher, ob all das unbedingt gute Neuigkeiten sind. Der Zugang zu sozialen Netzwerken kann aus verschiedenen formalen und informellen Gründen wie Schichtzugehörigkeit, Beruf oder Geld eingeschränkt sein. In der vorrangigen Kontrollinstitution, den Medien, herrscht ein äußerst einseitiger Begriff von öffentlicher Partizipation vor: Das Publikum ist eingeladen, sich an Mediendebatten zu beteiligen, aber Redakteure können entscheiden, dass nur einige der Beiträge die Öffentlichkeit erreichen. Netzwerke mögen zwar selbstverwaltet sein, verwalten sich aber nicht immer demokratisch und sind berüchtigt dafür, dass sie sich nicht zur Rechenschaft ziehen lassen. Die Kontrolle der Demokratie fokussiert sich tendenziell eher auf einfache Einzelprobleme als auf komplexe Problemfelder, die breitere, informiertere und langwierigere Beratungen erfordern. Die Themenwahl, die Kontrollinstitutionen ins Licht rücken, kann manipuliert oder zufällig sein. So wird die öffentliche Aufmerksamkeit häufig von den Wahlergebnissen der Politiker abgelenkt und auf ihr Privatleben gerichtet. Das alles heißt keineswegs, Liberale sollten neue Technologien als Mittel zur Verbesserung der Demokratie ablehnen. Vielmehr geht es darum, das Internet im Dienst der Demokratie zu nutzen. Bislang ist in dieser Hinsicht wenig passiert. Stephen Coleman stellte fest, das Internet habe eine Reihe sozialer Beziehungen verändert, aber »demokratische Governance ist von diesem Wandel ausgenommen. Es gibt keinen Mangel an E-Äußerungen von Regierungen auf allen Ebenen (lokal, national und transnational), aber in der Praxis herrscht weiterhin ein Ethos des zentralisierten Institutionalismus vor«.[22]

Streit ist ebenfalls eine wichtige, wenngleich zu wenig gewürdigte Säule der Demokratie. Angesichts der Tatsache, dass eine stimmgewaltige Gruppe von Demokratietheoretikern immer schon vertreten hat, die Souveränität des Volkes bestehe weniger in der Ermächtigung durch Wahlen als im Recht auf Widerstand, ist das erstaunlich.[23] Streit kann politisch oder juristisch ausgetragen werden. Politische Auseinandersetzungen sind spontan und häufig chaotisch, juristische dagegen institutionalisiert und strukturiert. Die

Ersteren finden nicht nur auf der Straße und in Industriebetrieben statt, sondern auch im Internet. Cyber-Ungehorsam und »Hacktivismus« kommen zunehmend in Mode, allerdings mit gemischten Resultaten. Dagegen finden juristische Auseinandersetzungen in Parlamenten und Gerichten statt. Bürger erhalten legale Möglichkeiten, Entscheidungen, die sie ungerecht oder nachteilig finden, anzufechten. Dies können sie unmittelbar in Gerichtsverfahren oder mittelbar über Bürgerbeauftragte tun. Die Befugnisse und Ressourcen der Bürgerbeauftragten lassen sich beträchtlich ausweiten. Bürger können mehr Rechte bekommen, vor nationalen und internationalen Gerichten gegen den Staat vorzugehen. Juristische Auseinandersetzungen sind gewöhnlich stärker deliberativ, inklusiv und responsiv als politische und sollten daher gefördert werden, bevor Dinge auf der Straße und in Betrieben aus dem Ruder laufen.

Strategie und Handlungsfähigkeit

Wie in allen gesellschaftlichen Gruppen gibt es auch unter Liberalen Optimisten und Fatalisten. Optimisten sagen voraus, die konterrevolutionären Kräfte würden sich innerhalb der kommenden drei bis vier Jahre selbst diskreditieren, in dieser Zeit werde sich der Druck von unten verstärken, in ganz Europa werde die liberale Herrschaft wiederhergestellt und Präsident Trump nach seiner ersten »verheerenden« Amtszeit das Weiße Haus verlassen haben. Ich fürchte, dieses Szenario ist zu schön, um wahr zu sein. Meiner Ansicht nach wird der konterrevolutionäre Aufstand länger als vier Jahre dauern und es gibt keinerlei Garantie, dass Liberale nach dem Niedergang der konterrevolutionären Kräfte wieder an die Macht kommen werden.

Fatalisten fürchten, dass Antiliberale nicht an den Wahlurnen besiegt werden. Nach ihrer Einschätzung werden Konterrevolutionäre die Wähler einer Gehirnwäsche unterziehen und mit märchenhaften Versprechungen verführen. Wenn sie erst einmal an der Macht sind, werden sie wahrscheinlich ohnehin keine völlig freien Wahlen mehr zulassen. Daher sollten sie durch eine Welle von Massenprotesten zu Fall gebracht werden, vielleicht sogar mit Gewalt. »Sie setzen die riesige Staatsmaschinerie der Repression und Propaganda gegen uns ein«, sagte mir eine polnische Liberale, »und wir können unsere liberale Sache wohl kaum mit bloßen Händen verteidigen.« Ähnliche Äußerungen habe ich von einem frustrierten griechischen Syriza-Kritiker gehört.

Meine eigene Einschätzung der Zukunft liegt irgendwo zwischen diesen beiden Extremen. Die Konterrevolution wird nicht allein durch rationale Überzeugungsarbeit besiegt werden. Man wird vielfältige Formen der Bürgermobilisierung zur Verteidigung liberaler Werte und Institutionen nutzen müssen, allerdings würde ich meinen liberalen Freunden dringend raten, jeglicher Versuchung zur Gewaltanwendung zu widerstehen, selbst wenn sie mit Gewalt konfrontiert werden. Die Geschichte des zivilen Widerstands von Mahatma Gandhi bis Martin Luther King, Václav Havel und Lech Wałęsa hat die Wirksamkeit gewaltlosen Kampfes gezeigt. Zu politischen Zwecken Gewalt einzusetzen, ist nicht nur illiberal, sondern auch kontraproduktiv. Rechte Nationalisten können wahrscheinlich mehr Menschen mobilisieren, die es gewöhnt sind, Schlagstöcke und Molotowcocktails zu benutzen, als Liberale.

Bürgermobilisierung ist wichtig, aber keineswegs ausreichend. Liberale werden enttäuschte Wähler nicht zurückgewinnen, indem sie mit Spruchbändern demonstrieren, die mehr von derselben Politik anbieten. Sie müssen neue Visionen zu Demokratie, Kapitalismus und Integration vorschlagen, was alles andere als einfach ist. Wahrscheinlich wird es einige Jahre dauern, bis Soziologen, Ökonomen und Philosophen eine solche Vision entwickelt haben. Anschließend dürfte es noch weitere ein bis zwei Jahre erfordern, bis die (neuen und alten) Medien diese Vision in eine »benutzerfreundliche« Sprache übersetzt haben. Erst dann werden einige begabte liberale Politiker in der Lage sein, den Kern dieser Vision auf ihre Fahnen zu schreiben und hoffentlich die Mehrheit der Menschen hinter sich zu bringen. Kurz: Wir reden von etwa fünfzehn Jahren, in denen wir durch das »Tal der Tränen« gehen werden, um deinen Ausdruck zu verwenden, Ralf.

Gegenwärtig sind liberale politische Aktivisten und ihre Medien offenbar von der Führungsfrage besessen. Kann Angela Merkel das liberale Europa retten? Ist Matteo Renzi oder Emmanuel Macron der Richtige für die Führung der Mitte-links-Liberalen? Sollte meine zeitliche Einschätzung für ein liberales Comeback zutreffen, wird die Führungsfrage erst in mehr als zehn Jahren entscheidend werden, nicht früher. Das heißt allerdings nicht, dass sie in der Zwischenzeit irrelevant wäre. Denjenigen, die liberale Ideale verraten haben, sollte man offenkundig nicht die Verantwortung für die liberale Erneuerung übertragen. Merkel oder Renzi haben alles andere als eine eindeutige liberale Bilanz und Macron muss seine liberalen Referenzen erst noch unter Beweis stellen. Ich sollte jedoch hinzufügen, dass auch ahnungslose, uncharismatische Führungskräfte nicht guttun werden. Dasselbe gilt für charismatische Spitzenpolitiker mit dummen Ideen. Kurz, wir brauchen eine Ausrichtung, bevor wir Führungskräfte auswählen. Die wichtigste Eigenschaft einer Führungskraft ist, der Gemeinschaft zu dienen, die bestimmte Werte teilt. Welche Gemeinschaft können Liberale in diese bessere Zukunft führen? Welche Gruppen werden sich möglicherweise hinter dem neuen liberalen Programm sammeln? Wer werden die gesellschaftlichen Akteure des Wandels sein?

Nach Paul Masons Ansicht hat der moderne Kapitalismus viele verschiedene Gruppen vereint: »Indem der Informationskapitalismus Millionen Menschen vernetzt hat, die unter finanzieller Ausbeutung leiden, aber nur einen Klick vom gesamten menschlichen Wissen entfernt sind, hat er einen neuen Agenten der historischen Veränderung geschaffen: den gebildeten und vernetzten Menschen.«[24] Das mag allzu optimistisch sein, es gibt jedoch keinen Grund für die gegenteilige Ansicht, die nur atomisierte Individuen in einer kleinen digitalen Blase des »täglichen Ich« leben sieht.[25] Sicher hat das Internet das Individuum gestärkt, aber es hat den Gesellschaftsbegriff nicht zerstört. Indem es das Muster sozialer Interaktion verändert hat, hat das Internet eine neue Form der Gesellschaft geschaffen: die Netzwerkgesellschaft (um Manuel Castells' Begriff zu verwenden).[26]

Die Netzwerkgesellschaft ist pluralistisch und zuweilen chaotisch, aber weder passiv noch planlos. Tatsächlich belegen neuere Studien die erstaunliche Fähigkeit sozialer Medien, breite Gesellschaftsschichten für gezielte politische Veränderungen zu mobilisieren. Die Anliegen der gesellschaftlichen Mobilisierung variieren von Ort zu Ort und die Motive der diversen an Wandel interessierten Gruppen sind alles andere als kohärent. Die Aktivisten für Homosexuellenrechte haben beispielsweise eine andere Agenda als die Verfechter eines Mindestlohns. Sie mögen sich zwar gegen eine größere innere oder äußere Gefahr zusammentun, sind aber nicht unbedingt durch gemeinsame Arbeitserfahrungen, ethnische Herkunft, Religion und gesellschaftliche Stellung verbunden. Für Liberale besteht die Herausforderung darin, diese verschiedenen Teile der Netzwerkgesellschaft anzusprechen und dazu zu bewegen, dass sie auf liberalen Wandel drängen.

Dir, Ralf, dürfte auffallen, dass ich nicht von traditionellen Gesellschaftsschichten oder politischen Parteien spreche. Ich glaube einfach, dass sie kein Motor des Fortschritts mehr sind. Die Arbeiterklasse ist mittlerweile diversifiziert, nicht mehr gewerkschaftlich organisiert und losgelöst von den Sorgen der Bedürftigsten wie der Massen arbeitsloser Jugendlicher oder der Migranten. Politische Parteien haben den Kontakt zu einfachen Bürgern verloren; sie sind nur noch Mittel, mit denen konkurrierende Eliten Wahlen gewinnen können. Das heißt jedoch nicht, dass es keine spezifischen Probleme in Verbindung mit der traditionellen Arbeiterschaft in sterbenden Industrien gäbe, und ich sehe die Arbeiterklasse sicher nicht als »Dumm. Gewalttätig. Kriminell« an.[27] Ich halte Gewerkschaften auch nicht für ein Relikt vergangener Zeiten. Dennoch lässt sich kaum leugnen, dass der Begriff und die Rolle der Arbeiterklasse in der heutigen automatisierten und digitalisierten europäischen Wirtschaft sich von derjenigen, die du, Ralf, in den ausgehenden fünfziger Jahren analysiert hast, unterscheidet.[28] Ähnliches lässt sich von politischen Parteien sagen.

Die konterrevolutionären Kräfte spielen »einfache Leute« gegen »die Elite« aus. Liberale Kräfte müssen demonstrieren, dass die Eliten und die Bevölkerung für gemeinsame Anliegen zusammenarbeiten können. Tatsächlich müssen Liberale zeigen können, dass verschiedenartige Gruppen aus unterschiedlichen Gesellschaftsschichten zum Dialog und zu Verhandlungen imstande sind, die zu Kompromissen führen.

Kompromisse zwischen unterschiedlichen Gruppen sind einfacher, wenn keine von ihnen auf bestimmten Dogmen besteht. Unterschiedliche Gruppen sollten eine gemeinsame Ausrichtung besitzen, aber wesentlich für die Koalitionsbildung ist der inklusive Veränderungsprozess (und nicht nur das erwünschte Ergebnis). Auch eine Abneigung gegen radikale Politik dürfte den Dialog einfacher machen. Auf diese Weise schmiedete die diversifizierte spanische Opposition gegen das Franco-Regime 1977 den Pakt von Moncloa. Ebenso fanden sich in Polen die intern zerstrittenen antikommunistischen Kräfte mit den intern zerstrittenen kommunistischen Kräften 1989 zu Gesprächen am Runden Tisch zusammen. In beiden Fällen führte der liberale Leitfaden der Politik zu einem Abkommen zwischen Menschen, die um Macht und Ressourcen konkurrierten. Das alternative Szenario setzt den Sieg einer einzigen doktrinären Kraft voraus, die dem gesamten Gemeinwesen ihre Utopie aufzwingt.

Der Neuanfang

Lieber Ralf, es ist Zeit, zum Schluss dieses langen Briefes zu kommen. Anders als du vor dreißig Jahren laufe ich nicht Gefahr, ihn in lyrischem Ton zu beenden. Ich bin enttäuscht, wenn nicht gar wütend, dass die Post-1989-Generation von Politikern und Intellektuellen in Europa liberale Ideale gefährdet oder verraten hat. Die Konterrevolution wird sich nicht damit begnügen, Fehler der Liberalen zu korrigieren, sondern darüber hinaus viele Institutionen zerstören, ohne die eine Demokratie nicht funktionieren kann und der Kapitalismus raubgierig wird. Als Junge im kommunistischen Polen träumte ich von einem Europa ohne Mauern und unterdrückerische Regime. Ich dachte, das Ideal der Freiheit könne das Leben nicht nur für die hinter dem Eisernen Vorhang lebenden Menschen besser machen, sondern auch für jene in den armen Vorstädten von London, Paris und Madrid. Ich hoffte, liberale Politiker würden uns nicht nur reicher machen, sondern auch für mehr Sicherheit sorgen. Dieser Traum ist nun zerplatzt. Ich rechne damit, dass das Leben in den kommenden Jahren erheblich schwieriger wird, bevor eine Besserung eintritt. So hätte es nicht kommen müssen.

Ralf, du magst mich fragen, warum ich mit dem Finger auf unsere liberalen Freunde und Kollegen zeige und nicht auf konterrevolutionäre Kräfte. Legitimiere ich damit nicht die antiliberale Kehrtwende? Lege ich nicht verschiedene normative Maßstäbe an die Liberalen und an ihre Gegner an? Das sind berechtigte Fragen. Es gibt bereits viele kritische Werke mit Analysen zum Aufstieg antiliberaler Kräfte, daher habe ich es vorgezogen, über das weniger behandelte Thema zu schreiben. Zudem bin ich der Meinung, dass es für Liberale schwierig werden dürfte, ohne eine ernsthafte Diskussion über das, was beim liberalen Projekt schiefgelaufen ist, ein Comeback zu schaffen und die antiliberale Verlockung zu besiegen. Ja, es stimmt, dass ich an die Liberalen höhere Erwartungen stelle als an die Feinde der offenen Gesellschaft. Ich habe zu jenen gehört, die überzeugt waren, Liberale würden Europa zu einem besseren Ort machen; ähnliche Erwartungen habe ich an die konterrevolutionären Kräfte nicht. Tatsächlich fürchte ich, dass sie Europa zu einem ziemlich ineffizienten und vielleicht sogar grauenvollen Ort machen.

Trotz der auf diesen Seiten geäußerten trüben Gedanken glaube ich nach wie vor an ein gutes Ende. Es bedeutet allerdings nicht die Rückkehr zu dem, was wir in den vergangenen dreißig Jahren hatten, sondern die Korrektur früherer Fehler und die Entwicklung einer neuen liberalen Agenda, die für das Europa des 21. Jahrhunderts geeignet ist. Nicht nur das Programm, auch die Führungsspitze sollte sich ändern. Meine Generation sollte zulassen, dass Jüngere ihre Geschicke selbst in die Hand nehmen. Ich vertraue nicht nur ihren technischen Fähigkeiten, sondern auch ihrem Gerechtigkeitssinn und ihrem Realismus. Der Letztere scheint bei den Nutznießern der liberalen Revolution nach 1989 leider wenig ausgeprägt zu sein.

Die Demokratie ist nicht gesichert, wenn wir die Klugheit von Wahlentscheidungen in Zweifel ziehen. Der Gleichheit ist nicht gedient, wenn wir Armen vorwerfen, sie seien dumm und anfällig für Manipulation. In einer Atmosphäre von Hass und Rachsucht gegen politische Gegner kann keine Freiheit herrschen. Wenn ich diese Dinge sage, werde ich daran erinnert, dass auch Hitler gewählt wurde. Man drängt mich, das wahre Übel zu benennen und ihm entgegenzutreten. Man sagt mir, Experten hätten mehr Sachkenntnis, mit komplexen Problemen fertig zu werden, als die Armen und Ungebildeten. Es muss nicht eigens erwähnt werden, dass all dies stimmt und sich kaum infrage stellen lässt. Dennoch bin ich überzeugt, dass wir uns nicht wie wilde Tiere benehmen müssen, um wilde Tiere zu besiegen. Ich glaube, alle Menschen, nicht nur einige wenige, sollten frei und gleich sein. Meiner Ansicht nach geht es in der Demokratie nicht nur um Wahlen, aber ohne Wahlen können wir kaum von Demokratie sprechen.

Wie du, Ralf, glaube ich, dass die Umstände »von Ort zu Ort und von Zeit zu Zeit verschieden« sind. Wir beide haben keine »Geduld mit denen, die Patentmedizinen anbieten«. Wir beide halten Freiheit für ein Ziel, für das es zu kämpfen lohnt, aber »der Weg dahin hat viele Fallgruben«. Mit Energie und Entschlossenheit können wir dazu beitragen, manche von ihnen zu bewältigen. »Der Rest ist Glück.«[29]

Ich drücke nicht bloß »den Daumen und hoffe das Beste«.[30] Vielmehr habe ich vor, durch den alten Kontinent zu reisen und meine Stimme zu erheben, um die Ansichten meiner liberalen Freunde und Kollegen zu ändern. Viele von ihnen werden meine Botschaft nicht gern hören, aber ich bin fest entschlossen, deinem Diktum zu folgen, das du bereits 1963 dargelegt hast: »Sie alle, die Intellektuellen, haben als die Hofnarren der modernen Gesellschaft geradezu die Pflicht, alles Unbezweifelte anzuzweifeln, über alles Selbstverständliche zu erstaunen, alle Autorität kritisch zu relativieren, alle jene Fragen zu stellen, die sonst niemand zu stellen wagt.«[31]

Mit den besten Grüßen

Dein
Jan Zielonka

Oxford, im Oktober 2017

Danksagung

Dieser Brief profitierte erheblich von den klugen Kommentaren zahlreicher Kollegen und Freunde. Bei Stefania Bernini, Neil Dullaghan und Martin Krygier bedanke ich mich aufrichtig dafür, dass sie jede Seite dieses langen Briefes gelesen und verbessert haben. Besonderer Dank gilt Iradj Bagherzade, Jaroslava Barbieri, Christopher Bickerton, Franck Düvell, Michael Freeden, John Keane, Giuseppe Laterza, Paul Nolte, Loukas Tsoukalis, Herman van Gunsteren, Jacek Žakowski und drei anonymen Rezensenten. Zudem habe ich sehr vom regelmäßigen Austausch mit Graduiertenstudenten im Fachbereich European Politics and Society an der Oxford University profitiert. Last, but not least möchte ich Dominic Byatt und seinen Kollegen bei Oxford University Press danken, dass sie dieses Projekt engagiert und professionell ans angestrebte Ziel geführt haben.

Anmerkungen

Prolog

1 Ralf Dahrendorf, *Betrachtungen über die Revolution in Europa*, Stuttgart 1990.

2 Edmund Burke schrieb einen Brief, der an einen Herrn in Paris gerichtet war. Siehe Edmund Burke, *Reflections on the Revolution in France*, London 1790; dt.: *Über die Französische Revolution. Betrachtungen und Abhandlungen*, Zürich 1987.

3 Siehe den Nachruf auf Ralf Dahrendorf in *The Guardian*, https://www.theguardian.com/politics/2009/jun/19/ralf-dahrendorf-orbituary-lords-lse (Stand Oktober 2018).

4 Der Begriff »intellektueller Provokateur« erschien in einer Rezension meines Buches *Is the EU Doomed?* in *Foreign Affairs*, www.foreignaffairs.com/reviews/2014–08–18/eu-doomed (Stand Oktober 2018).

1. Von der Revolution zur Konterrevolution

1 Beppe Grillo, zitiert von *Today* am 20. Juni 2016, www.today.it/politica/elezioni/grillo-raggi-appendino.html (Stand Oktober 2018).

2 Interview mit Jarosław Kaczyński am 11. Juli 2016, www.rp.pl/Prawo-i-Sprawiedliwosc/307109958-Kaczynski-Nie-jestem-dyktatorem.html#ap-2.

3 Mény und Surel haben 2000 drei politische Bedingungen für den Aufstieg von Populismus identifiziert: 1. die Krise der politischen Vermittlungsstrukturen; 2. die Personalisierung politischer Macht; und 3. die wachsende Rolle der Medien im politischen Leben. Siehe Yves Mény und Yves Surel, *Par le peuple, pour le peuple*, Paris 2000, Kapitel 2.

4 Allerdings gab es 2017 in der Allianz der Liberalen und Demokraten für Eu-

ropa (ALDE) im Europäischen Parlament nicht weniger als sieben amtierende Premierminister; siehe www.aldegroup.eu/.

5 Laut Jacques Rupnik bildet das Jahr 1989 »eindeutig eine *Zäsur*, den Abschluss des ›kurzen 20. Jahrhunderts‹/1914–1989), geprägt von zwei Weltkriegen und zwei totalitären Systemen, die in Europa ihren Ursprung hatten«; Jacques Rupnik, *1989 as a Political World Event*, London 2013, S. 7.

6 In Europa waren seit Jahren gegen das Establishment gerichtete Politiker und Parteien aktiv, aber bis vor Kurzem konnten die etablierten Parteien sie in allen europäischen Ländern in Schach halten. Der Front National errang schon 1984 bei den Europawahlen gut 11 Prozent der Stimmen. Die Partei Neue Demokratie erhielt 1991 bei den schwedischen Parlamentswahlen 6,7 Prozent der Stimmen. Die Freiheitliche Partei Österreichs brachte es bei den Nationalratswahlen 1999 auf 26,9 Prozent. Pim Fortuyns Partei erzielte 2002 bei den Parlamentswahlen in den Niederlanden, nur neun Tage, nachdem er dem tödlichen Attentat eines Tierschützers zum Opfer gefallen war, 17 Prozent. Jörg Haiders Freiheitliche Partei trat 2000 sogar in eine Regierungskoalition ein, verlor aber bei den Wahlen zwei Jahre später die Hälfte ihres Stimmenanteils. Jarosław Kaczyńskis Partei Recht und Gerechtigkeit (PiS) bildete 2005 in Polen eine Regierung zusammen mit zwei kleineren gegen das Establishment gerichteten Parteien, der linken Partei Selbstverteidigung und der Liga polnischer Familien, die aber schon nach zwei Jahren von etablierten Parteien abgelöst wurde. Kein Wunder, dass Cas Mudde von diesen Parteien sagte, sie seien »Hunde, die bellen, aber nie beißen«. Siehe Cas Mudde, »Three Decades of Populist Radical Right Parties in Western Europe: So What?«, *European Journal of Political Research* 52/1 (2013), S. 1–19.

7 Robert A. Dahl, »A Democratic Dilemma: System Effectiveness versus Citizens Participation«, *Political Science Quarterly* 109/1 (1994), S. 23f.

8 Colin Crouch, *Post-Democracy*, Cambridge 2004, dt.: *Postdemokratie*, Frankfurt a. M. 2008; sowie Paul Mason, *Post-capitalism: A Guide to our Future*, London 2015, dt.: *Postkapitalismus: Grundrisse einer kommenden Ökonomie*, Berlin 2018.

9 Siehe ein Interview mit dem bedeutenden deutschen Soziologen Ulrich Beck am 25. März 2013, www.socialeurope.eu/2013/03/germany-has-created-an-accidental-empire/. Siehe auch Ulrich Beck, *Das deutsche Europa: Neue Machtlandschaften im Zeichen der Krise*, München 2012.

10 So ermunterte der niederländische Abgeordnete der Freiheitspartei, Geert Wilders, seine Anhänger dazu, »weniger« Marokkaner in den Niederlanden zu fordern, und Mario Borghezio von der Lega Nord bezeichnete die italienische Regierung als »bongo bongo«, nachdem Cécile Kyenge als erste Schwarze zur Ministerin Italiens ernannt wurde.

11 www.theguardian.com/commentisfree/2017/mar/11/farage-assange-shameless-illiberal-alliance (Stand Oktober 2018).

12 Cas Mudde, »The Populist Zeitgeist«, *Government and Opposition*, 39/4 (2004), S. 543.

13 Margaret Canovan, »Trust the People! Populism and the Two Faces of Democracy«, *Political Studies*, 47/1 (1999), S. 12.

14 Zu einer Analyse populistischer Rhetorik siehe Toril Aalberg, Frank Esser, Carsten Reinemann, Jesper Strömbäck und Claes de Vreese (Hg.), *Populist Political Communication in Europe*, London 2017. Siehe auch http://counterpoint.uk.com/wp-content/uploads/2015/01/Responding-to-Populist-Rhetoric-A-Guide.pdf (Stand Oktober 2018).

15 Jaroslava Barbieri erklärte mir in einem persönlichen Gespräch, das Vorgehen der Populisten erinnere sie an den Karneval im Mittelalter. Dieses Fest feierte das Obszöne und alles, was die etablierte Ordnung untergrub, und übersetzte die göttliche, politische und moralische Ordnung in groteske Ausdrucksformen. Doch auch, wenn es nur kurze Zeit offen zelebriert wurde, war dieses obszöne Element keine symbolische Darstellung einer allein zur Unterhaltung erfundenen Realität. Vielmehr war es unter der Oberfläche der Alltagskonvention, wie die Ordnung der Dinge sein sollte, zutiefst in den Menschen präsent. Wir mögen populistische Führer als Clowns bezeichnen und ihre Äußerungen als »lächerlich« oder »absurd« abtun, aber sie appellieren tatsächlich an Dinge oder Ideen, die aus irgendeinem Grund durch die seit 1989 herrschende Ordnung und den damit verbundenen Diskurs nicht unterdrückt worden sind. Wir sollten in Erinnerung behalten, dass die Kirchenoberen den mittelalterlichen Karneval nur für eine bestimmte Zeitspanne erlaubten.

16 www.theguardian.com/commentisfree/2017/mar/30/britain-treaty-europe-dead-brexit-eu (Stand Oktober 2018).

17 https://milanofinanza.it/news/fincantieri-ugl-macron-ha-dichiarato-guerra-a-principi-ue-201707281632149952 oder http://ilmessaggero.it/primopiano/esteri/scelta_parigi_colpita_nazionalizzata_emmanuel_macron-2588037.html (beide Stand Oktober 2018).

18 www.nytimes.com/2017/01/24/world/europe/mark-rutte-netherlands-muslim-immigrants-trump.html (Stand Oktober 2018).

19 https://www.theguardian.com/world/2017/mar/19/dutch-election-rutte-wilders-good-populism-bad- (Stand Oktober 2018).

20 Siehe die Studie der Deutschen Bank: Nicolaus Heinen und Ann-Kristin Kreutzmann, »Europas Populisten im Profil. Strukturen, Stärken, Potenziale«, 7. April 2015; siehe www.dbresearch.de/.

21 www.bbc.com/news/world-europe-30318898. Siehe auch www.nybooks.com/daily/2015/10/14/orban-hungary-sorry-about-prime-minister/ (Stand Oktober 2018).

22 Laut Ivan Krastev ist ein »schwaches Engagement der Elite für die Werte der liberalen Demokratie« weniger für den Aufstieg des Illiberalismus verant-

wortlich als »das Versagen des Liberalismus, zu liefern«. Siehe Ivan Krastev, »Liberalis's Failure to Deliver«, *Journal of Democracy*, 4/27 (2016), S. 35ff.

23 Zitat aus einer Vorlesung am Indian Institute of Public Administration, gehalten im August 1963, veröffentlicht u. a. in Karl Popper, *After the Open Society: Selected Social and Political Writings*, London 2012, S. 231.

2. Warum sie Liberale hassen

1 Michael Freeden, *Liberalism: A Very Short Introduction*, Oxford 2015, S. 16.

2 Leszek Kołakowski, *Modernity on Endless Trial*, Chicago 1980, S. 225ff.

3 Martin Krygier, *Was Foucault a Liberal and Should We Care?*, Rezension zu Ben Golder, *Foucault and the Politics of Rights*, Stanford, CA, 2015; in: *Jotwell Jurisprudence*, 24. Juli 2017, https://juris.jotwell.com/was-foucault-a-liberal-and-should-we-care/ (Stand August 2018).

4 Martin Krygier, »Conservative-Liberal-Socialism Revisited«, *The Good Society*, 1/11 (2002), S. 6.

5 Ralf Dahrendorf, *Betrachtungen über die Revolution in Europa*, S. 28f.

6 George Soros, »The Capitalist Threat«, *The Atlantic*, Februar 1997, www.theatlantic.com/magazine/archive/1997/02/the-capitalist-threat/376773/ (Stand Oktober 2018).

7 Ernesto Laclau und Chantal Mouffe, *Hegemony and Socialist Strategy: Towards a Radical Democratic Politics*, London 2001; dt. *Hegemonie und radikale Demokratie: Zur Dekonstruktion des Marxismus*, Wien 2015.

8 Thomas Piketty, Le capital au XXIe siècle, Paris 2013; dt.: *Das Kapital im 21. Jahrhundert*, München 2014, S. 1.

9 www.bild.de/politik/ausland/polen/hat-die-regierung-einen-vogel-44003034,var=a,view=conversionToLogin.bild.html (Stand Oktober 2018).

10 Tony Judt, *Thinking the Twentieth Century*, London 2012; dt.: *Nachdenken über das 20. Jahrhundert*, München 2013, S. 319.

11 www.oxforddictionaries.com/press/news/2016/12/11/WOTY-16 (Stand Oktober 2018).

12 Siehe www.washingtonpost.com/news/the-fix/wp/2016/11/16/post-truth-named-2016-word-of-the-year-by-oxford-dictionaries/?utem_term=.4a37750de0be.

13 William Davies, *The Happiness Industry: How the Government and Big Business Sold Us Well-Being*, London 2016.

14 Siehe www.theguardian.com/politics/2016/jun/14/osborne-predicts-30bn-hole-in-public-finance-if-uk-votes-to-leave-eu (Stand Oktober 2018).

15 Siehe https://theconversation.com/the-surprising-origins-of-post-truth-and-how-it-was-spawned-by-the-liberal-left-68929 (Stand Oktober 2018).

16 Siehe www.theguardian.com/world/2017/feb/05/marine-le-pen-promises-liberation-from-the-eu-with-france-first-policies (Stand Oktober 2018); siehe auch www.lemonde.fr/election-presidentielle-2017/article/2017/02/05/marine-le-pen-donne-rendez-vous-a-lyon-le-meme-jour-que-jean-luc-melenchon_5074887_48540003.html (Stand Oktober 2018).

17 Siehe Michael Sandel, *Liberalism and the Limits of Justice*, Cambridge 1982; Charles Taylor, »Cross Purposes: the Liberal-Communitarian Debate«, in: Nancy Rosenblum (Hg.), *Liberalism and the Moral Life*, Cambridge, MA, 1989, S. 171–176; Philip Selznick, *The Moral Commonwealth: Social Theory and the Promise of Community*, Berkeley, CA, 1992; sowie Michael Walzer, »Communitarian Critique of Liberalism«, *Political Theory*, 1990, S. 9ff.

18 Michael Freeden hat darauf hingewiesen, dass der Liberalismus sich nicht nur im Laufe der Zeit, sondern auch geografisch unterschiedlich entwickelt. Der zivilgesellschaftliche Diskurs findet vorwiegend in Ost- und Mitteleuropa statt und ist aus Gründen, die mit der kommunistischen Erfahrung zusammenhängen, insbesondere ein antietatistischer Diskurs. Vertreter der politischen Philosophie in den Vereinigten Staaten schreiben über Liberalismus-Kommunitarismus vorwiegend aus nordamerikanischer Sicht und ignorieren oder missdeuten häufig die Geschichte des europäischen Liberalismus. Laut Freeden sind die meisten (west)europäischen Liberalen mit dem Aufkommen des Sozialstaats, und inspiriert von den Werken »sozialliberaler« Vorläufer wie Carlo Rosselli und Leonard T. Hobhouse, von dem »atomistischen« Gesellschaftsmodell abgerückt. Siehe Michael Freeden, »European Liberalisms: An Essay in Comparative Political Thought«, *European Journal of Political Theory* 7/1 (2008), S. 9–30.

19 Stephen Holmes, *The Anatomy of Antiliberalism*, Cambridge, MA, 1993, S. 180; auch dt.: *Die Anatomie des Antiliberalismus*, Hamburg 1995.

20 Das war nicht immer der Fall. So galten Mazzini und Gladstone als Vertreter eines liberalen Nationalismus. Zu einer umfassenden Analyse der Beziehung von Liberalismus und Nationalismus siehe Yael Tamir, *Liberal Nationalism*, Princeton 1993.

21 Charles S. Maier, »Territorialisten und Globalisten: die beiden neuen ›Parteien‹ in der heutigen Demokratie«, *Transit* 14 (Winter 1997), S. 5–14.

22 Bob Dylan, Lyrics 1962–2001. Sämtliche Songtexte, Hamburg 2004, S. 1006f.

23 Philip Selznick, *The Moral Commonwealth: Social Theory and the Promise of Community*, Berkeley, CA, 1992; Philip Selznick, »From Socialism to Communitarianism«, in: Michael Walzer (Hg.), *Towards a Global Civil Society*, Oxford 1995, S. 128.

24 Stefan Auer, *Liberal Nationalism in Central Europe*, London 2004; siehe auch

Stefan Auer, »New Europe: between Cosmopolitan Dreams and Nationalist Nightmares«, *Journal of Common Market Studies*, 48/5 (2010), S. 1163–1184.

25 Freeden, »European Liberalism«, S. 14.

26 Hannah Arendt, »Truth and Politics« und www.newyorker.com/magazine/1967/02/25/truth-and-politics (Stand Oktober 2018); dt.: »Wahrheit und Politik«, in: Hannah Arendt, *Wahrheit und Lüge in der Politik: Zwei Essays*, München, Zürich 1987, S. 44–92.

3. Demokratische Malaise

1 Ralf Dahrendorf, *Betrachtungen über die Revolution in Europa*, S. 13f. Die Unterscheidung zwischen liberaler und egalitärer Demokratie stammt aus Dahrendorfs Lob für Colin Crouchs Buch *Postdemokratie*.

2 Leszek Kołakowski, *Modernity on Endless Trial*, Chicago 1980, S. 225ff.

3 Siehe Voter Turnout Database, www.idea.int/data-tools/data/voter-turnout (Stand Oktober 2018); Ingrid van Biezen, Peter Mair und Thomas Poguntke, »Going, Going ... Gone? The Decline of Party Membership in Contemporary Europe«, *European Journal of Political Research* 51/1 (2012), S. 24–56, sowie Standard Eurobarometer, http://ec.europa.eu/public_opinion/archives/eb/eb83/eb83_first_de.pdf (Stand Oktober 2018).

4 Peter Mair, *Ruling the Void*, London 2013, S. 1.

5 Das Durchschnittsalter der Mitglieder der britischen Conservative Party liegt bei 68 Jahren (nach manchen Statistiken sogar bei 74). Das wirft offenkundig die Frage auf: »Wen vertritt diese Partei?« Siehe Brian Wheeler und Chris Davies, »›Swivel-Eyed Loons‹ or Voice of the People?«, *BBC News*, 21. Mai 2013, www.bbc.com/news/uk-politics-22607108 (Stand Oktober 2018). Siehe auch Ross Clark, »End of Party – How British Political Leaders Run Out of Followers«, *Spectator*, 14. September 2013, www.spectator.co.uk/features/9019201/the-end-of-the-party/ (Stand Oktober 2018). Erstaunlicherweise gewann die Labour Party zahlreiche neue, überwiegend junge Mitglieder, nachdem Jeremy Corbyn die Parteiführung übernahm. Die Mitgliederzahl stieg von 190.000 im Mai 2015 auf 515.000 im Juli 2016 – ein Zuwachs von 325.000 neuen Mitgliedern. Zu einer vergleichenden Analyse der alten und neuen Mitglieder und ihrer Herkunft siehe http://blogs.lse.ac.uk/europpblog/2016/11/25/ (Stand Oktober 2018).

6 Siehe www.buzzfeed.com/charliewarzel/trump-trolls-find-new-tactics-to-spread-false-voting-informa (Stand Oktober 2018) oder www.buzzfeed.com/craig

silverman/how-macedonia-became-a-global-hub-for-pro-trump-misinfo (Stand Oktober 2018).

7 Giandomenico Majone, »Temporal Consistence and Policy Credibility: Why Democracies Need Non-Majoritarian Institutions«, European University Institute, *RSC Working Paper*, 96/57, S. 12.

8 Alec Stone Sweet, *Governing with Judges*, Oxford 2000, S. 15.

9 Diese Schlagzeile erschien in der *Daily Mail*, nachdem drei Richter des Obersten Gerichtshofes geurteilt hatten, die Exekutive müsse das Parlament konsultieren, bevor sie nach den Ergebnissen des Brexit-Referendums einen Austrittsantrag nach Artikel 50 der Europäischen Verträge stellen könne.

10 Siehe http://webarchive.nationalarchives.gov.uk/20140122145147/http://www.levesoninquiry.org.uk/ (Stand Oktober 2018).

11 Interview mit Adam Michnik, im Oktober 2016 im Internet veröffentlicht: https://opinie.wp.pl/adam-michnik-polska-nie-zasłużyła-na-pis-6048429975437953a (Stand Oktober 2018).

12 Siehe www.standard.co.uk/news/politics/robert-peston-attacks-brexit-campaign-for-mad-slur.over-tv-debate-with-pm-a3246361.html (Stand Oktober 2018).

13 Saskia Sassen, *Territory, Authority, Rights: From Medieval to Global Assemblages*, Princeton 2006; dt.: *Das Paradox des Nationalen: Territorium, Autorität und Rechte im globalen Zeitalter*, Frankfurt a. M. 2008.

14 Stephen Krasner, *Sovereignty, Organized Hypocrisy*, Princeton 1999.

15 Wolfgang Merkel, »The Challenge of Capitalism to Democracy. Reply to Colin Crouch and Wolfgang Streeck«, *Zeitschrift für vergleichende Politikwissenschaft* 1/10 (2016), S. 78.

16 Ralf Dahrendorf, *Die Krisen der Demokratie. Ein Gespräch mit Antonio Polito*, München 2002, S. 41; sowie Juan J. Linz und Alfred C. Stepan, *Problems of Democratic Transition and Consolidation: Southern Europe, South America, and Post-Communist Europe*, Baltimore 1996, S. 10–16.

17 Konstitutioneller Patriotismus ist eine noble Idee, kann aber ohne eine gemeinsame Geschichte, Kultur und, ja, Verfassung den Nationalismus als einigenden politischen Faktor kaum ersetzen. Das hat sogar Jürgen Habermas in *Ach, Europa* (Frankfurt a. M. 2008, S. 96–106) eingeräumt. Siehe auch Richard Bellamy, *Political Constitutionalism: A Republican Defence of the Constitutionality of Democracy*, Cambridge 2007, S. 6 und 235.

18 Jan-Werner Müller, »The Promise of ›Demoi-Cracy‹: Diversity and Domination in the European Public Order«, in: Jürgen Neyer und Antje Wiener, *The Political Theory of the European Union*, Oxford 2010, S. 197–203.

19 Stein Rokkan u. a., *Centre-Periphery Structures in Europe*, New York 1987, S. 17f.

20 Wolfgang Merkel, »Is Capitalism Compatible with Democracy?«, *Zeitschrift für vergleichende Politikwissenschaft*, 2/8 (2014), S. 109.

21 Stefano Bartolini, *Restructuring Europe: Centre Formation, System Building and*

Political Structuring between the Nation-State and the European Union, Oxford 2005, S. XIV.

22 Daniele Archibugi, »Cosmopolitan Democracy and its Critics. A Review«, *European Journal of International Relations* 10/3 (2004), S. 437–473.

23 Giovanni Sartori, *The Theory of Democracy Revisited*, Teil 1: *The Contemporary Debate*, Chatham, NJ, 1987, S. 115; dt.: *Demokratietheorie*, Darmstadt 1992, S. 142.

4. Sozialismus für die Reichen

1 Englische Verlagsankündigung zu Jeremy Rifkin, *The European Dream: How Europe's Vision of the Future Is Quietly Eclipsing the American Dream*, New York 2004; auch dt.: *Der Europäische Traum: Die Vision einer leisen Supermacht*, Frankfurt a. M. 2004. Siehe auch Mark Leonard, *Why Europe Will Run the 21st Century*, London 2005; dt.: *Warum Europa die Zukunft gehört*, München 2007.

2 François Heisbourg, *La Fin du rêve européen*, Paris 2013; Anthony Giddens, *Turbulent and Mighty Continent: What Future for Europe?*, Cambridge 2013; George Soros und Gregor Peter Schmitz, *Wetten auf Europa; Warum Deutschland den Euro retten muss, um sich selbst zu retten*, München 2014; engl.: *The Tragedy of the European Union: Disintegration or Revival?*, New York 2014.

3 Siehe www.financialsecrecyindex.com/index.php sowie www.dw.de/de/who-is-who-der-europäischen-steueroasen/a-16748249 (Stand Oktober 2018).

4 Von 2015 bis 2017 hat das Wirtschaftswachstum in Europa leicht zugenommen, allerdings bleibt abzuwarten, ob dieser bescheidende Anstieg von Dauer ist. Zu optimistischen Vorhersagen siehe https://ec.europa.eu/info/business-economy-euro/economic-performance-and-forecasts/economic-forecasts/winter-2017-economic-forecast_en (Stand Oktober 2018).

5 Helikoptergeld ist ein unkonventionelles Mittel der Geldpolitik, das darin besteht, große Geldmengen zu drucken und unmittelbar an die Öffentlichkeit zu verteilen, um die Wirtschaft anzukurbeln. Siehe zum Beispiel www.theguardian.com/business/ng-interactive/2015/apr/29/the-austerity-delusion (Stand Oktober 2018); siehe auch Milton Friedman, *The Optimum Quantity of Money and Other Essays*, Chicago 1969; dt.: *Die optimale Geldmenge und andere Essays*, München 1970.

6 Siehe www.tradingeconomics.com/euro-area/gdp-growth (Stand Oktober 2018).

7 Siehe http://kulturaliberalna.pl/2015/06/30/polska-prekariat-definicja-standing-tyrowicz (Stand Oktober 2018).

8 Siehe http://ec.europa.eu/eurostat/documents/2995521/7766821/3–12122016-AP-EN.pdf/910ee81b-3d8f-43a5-aa14–745dc76bc670 (Stand Oktober 2018).

9 Die Zustimmung zur EU ist gesunken: in Frankreich (um 17 Prozent) und Spanien (um 16 Prozent) im zweistelligen Prozentbereich, in Deutschland (8 Prozent), Großbritannien (7 Prozent) und Italien (6 Prozent) im einstelligen Prozentbereich; siehe www.pewglobal.org/2016/06/07/euroskepticism-beyond-brexit/ (Stand Oktober 2018). Siehe auch www.pewglobal.org/2013/05/13/the-new-sick-man-of-europe-the-european-union/ (Stand Oktober 2018).

10 Ralf Dahrendorf, *Betrachtungen über die Revolution in Europa*, S. 33.

11 Peter Dauvergne und Genevieve LeBaron, *Protest Inc.: The Corporization of Activism*, Cambridge 2014.

12 Friedrich A. Hayek, *The Road to Serfdom*, Chicago 1944; dt.: *Der Weg zur Knechtschaft*, Erlenbach-Zürich 1945.

13 Siehe www.theguardian.com/books/2014/aug/29/socialism-for-the-rich (Stand Oktober 2018). Siehe auch Owen Jones, *The Establisment: And How They Get Away With It*, London 2014.

14 Thomas Piketty, *Das Kapital im 21. Jahrhundert.*

15 Siehe www.theguardian.com/books/2016/apr/15/neoliberalism-ideology-problem-george-monbiot (Stand Oktober 2018).

16 Susan Strange, *Casino Capitalism*, Manchester 1997.

17 Naomi Klein, *The Shock Doctrine: Rise of Disaster Capitalism*, London 2007; dt.: *Die Schock-Strategie: Der Aufstieg des Katastrophen-Kapitalismus*, Frankfurt a. M. 2007.

18 Paul Verhaeghe dokumentiert, dass die neoliberale Wirtschaft für die starke Zunahme von Selbstverletzungen, Essstörungen, Depressionen, Einsamkeit, Versagensängsten und sozialen Phobien verantwortlich ist. Siehe Paul Verhaeghe und Jane Hedley-Prôle, *What about Me?: The Struggle for Identity in a Market-based Society*, Victoria, Australien, London 2014; dt.: *Und ich?: Identität in einer durchökonomisierten Gesellschaft*, München 2013.

19 Siehe Joseph Stiglitz, »Die neuen Unzufriedenen der Globalisierung«, project-syndicate.org, 5. August 2016, https://www.project-syndicate.org/commentary/globalization-new-discontents-by-joseph-e–stiglitz-2016–08/german (Stand Oktober 2018).

20 Siehe www.imf.org/external/pubs/cat/longres.aspx?sk=41291 (Stand Oktober 2018).

21 Im Vereinigten Königreich erhalten alle drei großen Parteien finanzielle Unterstützung von Vertretern großer Konzerne. Das bedeutet jedoch nicht, dass zwischen politischen Parteien und der Wirtschaftswelt eine einfache Beziehung herrscht. Zu Einzelheiten siehe www.ft.com/content/70295a84-c4f4–11e5-b3b1–7b2481276e45 (Stand Oktober 2018).

22 Siehe www.theguardian.com/books/2016/apr/15/neoliberalism-ideology-problem-george-monbiot (Stand Oktober 2018).

23 Siehe www.oecd-ilibrary.org/economics/income-inequality-in-the-european-union_5k9bdt47q5zt-en (Stand Oktober 2018).

24 Siehe zum Beispiel Maja Kluger Rasmussen, »The Battle for Influence: The Politics of Business Lobbying in the European Parliament, The Impact of the Welfare State on Support for Europe«, *Journal of Common Market Studies* 53/2 (2015).

25 Siehe www.independent.co.uk/news/uk/politics/theresa-may-speech-tory-conference-2016-in-full-transcript-a7346171.html (Stand Oktober 2018).

26 Fraser Nelson sagte einige Monate nach Mays Rede: »Mrs May hat eine bei Politikern relativ seltene Eigenschaft an den Tag gelegt: die Fähigkeit, ihre Meinung zu ändern. Nahezu all ihre schlechten Ideen wurden stillschweigend aufgegeben. Sich in Verwaltungsräte von Unternehmen einmischen? Nicht mehr. Obergrenze für Gehälter? Eine Idee, die so schnell fallen gelassen wurde, dass keine Zeit für ein Durchsickern blieb«; siehe www.telegraph.co.uk/news/2017/01/19/evolution-theresa-may-sets-brexit-britain-course-bright-global/ (Stand Oktober 2018).

27 Siehe www.europarl.europa.eu/sides/getDoc.do?pubRef=-//EP//TEXT+CRE+20161214+ITEM-007+DOC+XML+V0//EN&language=en&query=INTERV&detail=3–023–000 (Stand Oktober 2018). Letzten Endes verlor Pittella gegen Antonio Tajani, siehe www.economist.com/europe/2017/01/21/the-european-parliaments-new-president-represents-a-shift-to-the-right (Stand Oktober 2018).

28 Wolfgang Streeck, *Gekaufte Zeit: Die vertagte Krise des demokratischen Kapitalismus*, Berlin 2013, S. 77f.

29 Paul Mason, *Postkapitalismus: Grundrisse einer kommenden Ökonomie*.

5. Geopolitik der Angst

1 Zygmunt Bauman, *Liquid Fear*, Cambridge 2006, S. 2.

2 Marine Le Pen, zitiert nach Aurelien Breeden, »Paris Attacks: The violence, its victims and how the investigation unfolded«, *New York Times*, 14. November 2015.

3 Marine Le Pen, zitiert nach Gregory Viscusi und Alexandre Boksenbaum-Granier, »French Unity Cracks as Opposition Slams Nice Security Response«, *Bloomberg*, 15. Juli 2016, www.bloomberg.com/news/articles/2016–07–15/attack-in-nice-draws-barbs-from-opposition-after-year-of-silence (Stand Oktober 2018).

4 Timothy Garton Ash, »Germany's Choice«, *Foreign Affairs* 73/4 (1994), S. 65.

5 Robert Kagan, *Paradise and Power: America and Europe in the New World Order*, London 2004; dt.: *Macht und Ohnmacht: Amerika und Europa in der neuen Weltordnung*, aktualisierte Ausgabe, München 2004, S. 9.

6 Kommission der Europäischen Gemeinschaften, *Größeres Europa – Nachbarschaft: Ein neuer Rahmen für die Beziehungen der EU zu ihren östlichen und südlichen Nachbarn*, Mitteilung der Kommission an den Rat und das Europäische Parlament, 11. März 2003, KOM (2003) 104 endgültig, S. 4, http://eeas.europa.eu/archives/docs/enp/pdf/pdf/com03_104_de.pdf (Stand Oktober 2018). Siehe auch Rat der Europäischen Union, *Schlussfolgerungen des Vorsitzes*, Thessaloniki 19–20. Juni 2003, »VI. Ein größeres Europa/neue Nachbarstaaten«, https://www.consilium.europa.eu/media/20839/76285.pdf (Stand Oktober 2018).

7 Nach acht Jahren frustrierender Verhandlungen schlug die Europäische Kommission dem Rat der Europäischen Union und dem Europäischen Parlament im April 2016 vor, die Visumspflicht für Bürger der Ukraine aufzuheben, doch erst ein Jahr später wurde der Vorschlag umgesetzt. Siehe http://europa.eu/rapid/press-release_IP-16-1490_de.htm (Stand Oktober 2018).

8 Nick Witney und Susi Dennison, »Europe's Neighbourhood: Crisis as the New Normal«, ECFR Policy Memo, London 2015, S. 1; www.ecfr.eu/publications/summary/europes_neighbourhood_crisis_as_the_new_normal (Stand Oktober 2018).

9 Alina Inayaeh und Jörg Forbig (Hg.), »Reviewing the European Neighbourhood Policy: Eastern perspectives«, *Europe Policy Paper* 4 (Washington, DC: German Marshall Fund of the United States, 2015), S. 1. Siehe auch Ana E. Juncos und Richard G. Whitman, »Europe as a Regional Actor: Neighbourhood Lost?«, *Journal of Common Market Studies*, 7. Juli 2015; http://onlinelibrary.wiley.com/doi/abs/10.1111/jcms.12281 (Stand Oktober 2018).

10 »Wenige andere europäische Politiker hatten die Courage, eine so klare Verbindung zwischen Europas Werten, seinem kollektiven Eigeninteresse und mutigem Handeln in Bezug auf Flüchtlinge herzustellen [...]. In einer Krise, in der es für Europa wenig Anlass gibt, stolz zu sein, ist Frau Merkels Führungsstärke eine leuchtende Ausnahme«, kommentierte *The Economist;* siehe »Merkel the bold«, *The Economist*, 5. September 2015, www.economist.com/news/leaders/21663228-refugees-germanys-chancellor-brave-decisive-and-right-merkel-bold (Stand Oktober 2018).

11 Siehe ein Interview mit Ulrich Beck, http://blogs.lse.ac.uk/europpblog/2013/03/25/five-minutes-with-ulrich-beck-germany-has-created-an-accidental-empire/ (Stand Oktober 2018) sowie ein Interview mit George Soros, »Remarks at the Festival of Economics«, Trento, 2. Juni 2012, www.georgesoros.com/interviews-speeches/entry/remarks_at_the_festival_of_economics_trento_italy/ (Stand Oktober 2018).

12 Simon Heffer, »Rise of the Fourth Reich, how Germany is using the financial crisis to conquer Europe«, *Daily Mail*, 17. August 2011, www.dailymail.co.uk/news/article-2026840/European-debt-summit-Germany-using-financial-cri sis-conquer-Europe.html (Stand Oktober 2018).

13 Ralf Dahrendorf, *Betrachtungen über die Revolution in Europa*, S. 131.

14 In einem offiziellen NATO-Bericht heißt es: »Zu Russlands destabilisierender Handlungsweise und Politik gehört unter anderem: die andauernde illegale und widerrechtliche Annexion der Krim, die wir nicht anerkennen und anerkennen werden und zu deren Rückgängigmachung wir Russland auffordern; die gewaltsame Verletzung von Staatsgrenzen; die gezielte Destabilisierung der Ostukraine; spontane Großübungen entgegen dem Geist des Wiener Dokuments und provokative Militäraktivitäten in der Nähe von NATO-Grenzen, unter anderem in der Ostsee, im Schwarzen Meer und im östlichen Mittelmeer; seine unverantwortliche, aggressive Nuklear-Rhetorik, Militärkonzeption und zugrundeliegende Haltung; und seine wiederholten Verletzungen des Luftraums der NATO-Verbündeten. Zudem stellen Russlands Militärintervention, signifikante Militärpräsenz und Unterstützung des Regimes in Syrien sowie die Nutzung seiner Militärpräsenz im Schwarzen Meer, um seine Macht ins östliche Mittelmeer auszudehnen, weitere Risiken und Herausforderungen für die Sicherheit der Verbündeten und anderer dar.« Siehe *Warsaw Summit Communiqué* der teilnehmenden Staats- und Regierungschefs am Treffen des Nordatlantikrates in Warschau am 8.–9. Juli 2016, www.nato.int/cps/en/natohq/official_texts_133169.htm?selectedLocale=en (Stand Oktober 2018).

15 Siehe www.welt.de/politik/deutschland/artcile161766668/Deutsche-verlieren-wegen-Trump-Vertrauen-in-die-USA.html (Stand Oktober 2018).

16 Siehe www.beppegrillo.it/la-iii-guerra-mondiale-e-in-corso/ (Stand Oktober 2018).

17 Zygmunt Bauman, *Liquid Fear*, S. 2.

18 Siehe Ruth Forsyth, »Russia's Hybrid Warfare is Harming Germany«, *Atlantic Council*, 12. Mai 2016, www.atlanticcouncil.org/blogs/natosource/russia-s-hyb rid-warfare-is-harming-germany.

19 MAD stand für Mutually Assured (nuclear) Destruction, also »wechselseitig zugesicherte Zerstörung«; siehe Mark Leonard, *Connectivity Wars*, London 2016, www.ecfr.eu/europeanpower/geoeconomics (Stand Oktober 2018); zitiert nach: ders., »Interdependenz als Waffe. Die EU muss die Zeichen der geoökonomischen Zeit erkennen«, *Internationale Politik* 2 (März/April 2016), S. 94–103, https://zeitschrift-ip.dgap.org/de/ip-die-zeitschrift/archiv/jahrgang-2016/maerz-april/interdependenz-als-waffe (Stand Oktober 2018).

20 Georg Sørensen, *Rethinking the New World Order*, London 2016, S. 5.

21 Siehe www.foreignaffairs.com/articles/world/2017–04–17/liberal-order-rigged?cid=int-now&pgtype=hpg®ion=br1 (Stand Oktober 2018).

22 Siehe www.theguardian.com/politics/blog/live/2016/jul/18/trident-debate-renewal-corbyn-may-idealism-as-mps-prepare-for-trident-vote-politics-live (Stand Oktober 2018).

23 Siehe www.usnews.com/news/world/articles/2016–07–08/the-latest-german-defense-minister-backs-border-force (Stand Oktober 2018).

24 Siehe www.france24.com/en/20160812-french-mayor-bans-full-body-burkinis-cannes-beaches-muslim-burqa (Stand Oktober 2018). Siehe auch www.theguardian.com/world/2016/aug/19/german-interior-minister-backs-burqa-bans-public-places (Stand Oktober 2018).

25 T. S. Eliot, »The Love Song of J. Alfred Prufrock«, in: *The Waste Land and Other Poems,* New York 1930; dt.: »J. Alfred Prufrocks Liebesgesang« in: *Gesammelte Gedichte,* Frankfurt a. M. 1988, S. 9.

6. Barbaren vor den Toren

1 Wei Yuan, zitiert nach William Pfaff, *Barbarian Sentiments,* New York 2000; dt.: *Die Gefühle der Barbaren: Über das Ende des amerikanischen Jahrhunderts,* Frankfurt a. M. 1989, S. 7.

2 Die EU nahm 1992 etwa 672.000 Asylsuchende auf, die Zahlen blieben während des Bosnienkonflikts hoch. Nach der Kosovokrise und mit dem Eintreffen vieler Flüchtlinge aus Somalia und Afghanistan erreichte die Zahl 2001 erneut einen Spitzenwert von 424.000. 2015 war die Zahl zwar höher, aber keineswegs dramatisch höher, zumal wenn man bedenkt, dass es 1992 nur 15 EU-Mitgliedsstaaten gab, gegenwärtig aber 28. Detaillierte Statistiken siehe http://ec.europa.eu/eurostat/statistics-explained/index.php?title=Asylum_statistics/de (Stand Oktober 2018).

3 Franck Düvell, »Quo Vadis Europa?«, in: Edit Andras u. a. (Hg.), *Universal Hospitality. Wiener Festwochen, Into the City,* Wien 2016, S. 11ff.

4 Siehe den Trailer unter www.youtube.com/watch?v=RIDOMHym7p4 (Stand Oktober 2018).

5 Viktor Orbán im Interview mit *Politico,* 23. November 2015, www.politico.eu/article/viktor-orban-interview-terrorists-migrants-eu-russia-putin-borders-schengen/ (Stand Oktober 2018).

6 Alexander Betts, *Survival Migrants: Failed Governance and the Crisis of Displacement,* Ithaca, NY, 2013.

7 Siehe die angeführten Daten in: Maeve Glavey, »Immigration fears: a vulner-

able public in the face of change«, *Policy Network*, September 2016, https://policynetwork.org/opinions/blogs/immigration-fears-a-vulnerable-public-in-the-face-of-change (Stand Oktober 2018).

8 Siehe www.rt.com/news/france-eu-immigrants-pen/ (Stand Oktober 2018).

9 Diese rasche Zunahme der EU-Arbeitskräfte – um 700.000 von 2012 bis 2015 – fiel mit einem Anstieg der britischen Erwerbstätigen um eine Million zusammen. Siehe www.independent.co.uk/news/uk/politics/eu-referendum-immigration-and-brexit-what-lies-have-been-spread-a7092521.html (Stand Oktober 2018).

10 In den EU-Ländern, die eine siebenjährige Übergangsfrist nutzten, um das Sozialwesen auf den Zustrom neuer Arbeitskräfte vorzubereiten, gab es erheblich weniger politische Ängste in Bezug auf arbeitende Polen und andere Osteuropäer als in Großbritannien. Siehe Bela Galgoczi, Janine Leschke und Andrew Watt, *EU Labour Migration in Troubled Times: Skills Mismatch, Return and Policy Responses*, London 2012.

11 Siehe https://voxeu.org/article/economic-impact-brexit-induced-reductions-migration-uk (Stand Oktober 2018).

12 Siehe www.theguardian.com/commentisfree/2016/mar/18/migration-leaders-david-cameron-refugees-libya-movement-of-people (Stand Oktober 2018).

13 Siehe www.theguardian.com/uk-news/2013/jul/26/go-home-ad-campaign-court-challenge (Stand Oktober 2018).

14 Siehe http://visegradrevue.eu/thursday-21st-century-europe/ (Stand Oktober 2018).

7. Aufstieg und Niedergang der EU

1 Mark Leonard, *Why Europe Will Run the 21st Century*, London 2005; dt.: *Warum Europa die Zukunft gehört*, München 2007.

2 Siehe http://foreignpolicy.com/2017/04/13/europe-is-still-a-superpower/ (Stand Oktober 2018).

3 John Stuart Mill, *Principles of Political Economy*, New York 2004 (Erstveröffentlichung London 1848); dt.: *Grundsätze der politischen Ökonomie*, Hamburg 1864. Eine eingehendere Analyse bietet Katherine Barbieri, *The Liberal Illusion: Does Trade Promote Peace?*, Ann Arbor 2002.

4 Siehe Schuman-Erklärung vom 9. Mai 1950, https://europa.eu/european-union/about-eu/symbols/europe-day/schuman-declaration_de (Stand Oktober 2018).

5 Siehe www.cvce.eu/content/publication/1999/1/1/0c817dc4-c498–4b7d-9e67-a096711d98b0/publishable_en.pdf (Stand Oktober 2018).

6 Zu den offiziellen Wahlergebnissen siehe www.europarl.europa.eu/elections2014-results/de/election-results-2014.html (Stand Oktober 2018).

7 Siehe BBC-Bericht vom 26. Mai 2014, www.bbc.com/news/world-europe-27559714 (Stand Oktober 2018).

8 Juncker war als erster ständiger Vorsitzender der Eurogruppe für die Bewältigung der Krise zuständig und seine geheimniskrämerische, irreführende und skrupellose Umgangsweise mit der Krise trug ihm den Spitznamen »Herr der Lügen« ein. Die Kritik an Juncker nahm zu, nachdem bekannt wurde, dass 340 multinationale Konzerne Luxemburg möglicherweise zur Steuervermeidung nutzten. Juncker leugnete jegliche Beteiligung an diesen Vorgängen, räumte aber seine politische Verantwortung für das ein, was er als »exzessives Steuer-Engineering« bezeichnete. Siehe »Europe's big tax scam«, ECFR, 17. November 2014, www.ecfr.eu/article/commentary_europes_big_tax_scam350 (Stand Oktober 2018). Siehe auch Leigh Phillips, »Attacks mount against ›master of lies‹ Juncker«, *EU Observer*, 10. Mai 2011, https://euobserver.com/economic/32294 (Stand Oktober 2018).

9 Interview mit Donald Tusk, *Polityka*, 3.–9. Dezember 2014, S. 21. Siehe auch sein Interview mit *Rzeczpospolita* am 16. Juli 2015.

10 Siehe zum Beispiel Amie Kreppel, *The European Parliament and Supranational Party System*, Cambridge 2002, S. 215–223, sowie Simon Hix, »Party Politics in the European Union«, in: Henrik Enderlein, Sonja Wälti und Michael Zürn (Hg.), *Handbook on Multi-Level Governance*, Cheltenham 2011, S. 227–238.

11 Siehe www.socialeurope.eu/2017/04/rome-declaration-union-not-state/ (Stand Oktober 2018).

12 Siehe https://yougov.co.uk/news/2016/06/27/how-britain-voted/ (Stand Oktober 2018).

13 Siehe www.bbc.co.uk/news/uk-scotland-scotland-politics-36599102 (Stand Oktober 2018).

14 Siehe www.telegraph.co.uk/news/2017/04/03/nothing-wrong-britain-playing-mr-nasty-negotiating-brexit/ (Stand Oktober 2018); siehe auch www.politico.eu/article/france-plan-for-a-bloody-brexit-eu-referendum-consequences-europe-hollande-david-cameron/ (Stand Oktober 2018).

15 Siehe www.thetimes.co.uk/edition/comment/compulsory-voting-can-make-britain-fairer-swq077k8w?CMP=Sprkr-_-Editorial-_-thetimes-_-CommentandOpinion-_-Cardkitandlink-_-Statement-_-Unspecified-_-ACCOUNT_TYPE&linkld=36262526 (Stand Oktober 2018).

16 Siehe www.independent.co.uk/news/uk/politics/brexit-poll-leave-voters-death-penalty-yougov-results-light-bilbs-a7656791.html (Stand Oktober 2018).

17 Mit dem 2016 geschlossenem Pakt von Amsterdam brachte die EU ihre ur-

bane Agenda auf den Weg. Das Abkommen erkannte Städte als vitale Akteure an, räumte ihnen jedoch keinerlei formale Befugnisse in der EU ein. Siehe http://ec.europa.eu/regional_policy/sources/policy/themes/urban-develop ment/agenda/pact-of-amsterdam.pdf (Stand Oktober 2018).

8. Blick in die Zukunft

1 Franco »Bifo« Berardi, Gary Genosko und Nicholas Thoburn (Hg.), *After the Future*, Edinburgh 2011; sowie »Die Zukunft hat keine Zukunft mehr«: Comité invisible, *L'Isurrection qui vient*, 2007; dt.: Unsichtbares Komitee, *Der kommende Aufstand*, S. 11, https://archive.org/details/DerKommendeAufstandun sichtbaresKomitee (Stand Oktober 2018).

2 Siehe www.iwm.at/files/IWMpost_111.pdf (Stand Oktober 2018).

3 Siehe www.famous-quotes-and-quotations.com/yogi-berra-quotes.html (Stand Oktober 2018). Eine wissenschaftliche Herangehensweise an dieses Thema bieten Gerald Schneider, Nils Petter Gleditsch und Sabine Carey, »Forecasting in International Relations. One Quest, Three Approaches«, *Conflict Management and Peace Science* 28/1 (2011), S. 5–14.

4 Zygmunt Bauman, *Liquid Times: Living in an Age of Uncertrainty*, Cambridge 2007; auch dt.: *Flüchtige Zeiten. Leben in der Ungewissheit*, Hamburg 2008, S. 143. Kołakowski stellte fest, Utopien strebten nicht nur nicht existente Ziele an, sondern diese utopischen Ziele seien auch voller unlösbarer Widersprüche. Siehe Leszek Kołakowski, *Modernity on Endless Trial*, Chicago 1991.

5 Karl Popper, *The Open Society and its Enemies*, London 1945; dt.: *Die offene Gesellschaft und ihre Feinde*, 2 Bde., Tübingen 2003.

6 Ralf Dahrendorf, *Betrachtungen über die Revolution in Europa*, S. 29.

7 John Gray, *Isaiah Berlin*, London 1995, S. 43. John A. Hall hat weitere Spannungsfelder innerhalb des Liberalismus aufgezeigt, etwa zwischen Wohlstand und Freiheit oder zwischen Wissen und Moral. John A. Hall, *Liberalism: Politics, Ideology and the Market*, London 1987, S. 2.

8 Karl Popper, *Die offene Gesellschaft und ihre Feinde*, Bd. 1, *Der Zauber Platons*, Bern 1973, S. 21.

9 Zygmunt Bauman, *Flüchtige Zeiten*, S. 14.

10 Ebd.

11 Ebd., S. 15.

12 Damit sollen Städte selbstverständlich nicht idealisiert werden. Sie können durchaus als Orte gelten, die zu neuen technologischen Anwendungen, kreativen Lebensstilen oder Geschäftserfahrungen inspirieren, sind aber auch

Stätten der Ausbeutung, ethnisch-rassistischen Diskriminierung und Umweltzerstörung. Siehe Ugo Rossi, *Cities in Global Capitalism*, Cambridge 2017.

13 Kate Raworth, *Doughnut Economics: Seven Ways to Think Like a 21st-Century Economist*, London 2017; dt.: *Die Donut-Ökonomie: Endlich ein Wirtschaftsmodell, das den Planeten nicht zerstört*, München 2018.

14 Die bolschewikische Revolution zum Sturz des Kapitalismus begann mit dem Sturm auf den Winterpalast in St. Petersburg am 25. Oktober 1917. Siehe Sheila Fitzpatrick, *The Russian Revolution*, Oxford 2008, S. 61–67.

15 Paul Mason, *Postkapitalismus*, S. 17.

16 Diese Ideen habe ich in meinem Buch *Is The EU Doomed* (Cambridge 2014) näher ausgeführt.

17 David Beetham, *Parliament and Democracy in the Twenty-First Century: A Guide to Good Practice*, Genf 2006.

18 Nadia Urbinati, »Representative Democracy and its Critics«, in: Sonia Alonso, John Keane und Wolfgang Merkel (Hg.), *The Future of Representative Democracy*, Cambridge 2011, S. 23. Siehe auch Nadia Urbinati, *Representative Democracy: Principles and Genealogy*, Chicago 2006.

19 Giovanni Sartori, »Video-Power«, *Government and Opposition* 24/1 (1989), S. 39f. Siehe auch Benjamin Barber, *Strong Democracy: Participatory Politics for a New Age*, Berkeley, CA, 1994; dt.: *Starke Demokratie: Über die Teilhabe am Politischen*, Hamburg 1994.

20 Saskia Sassen, »Local Actors in Global Politics«, *Current Sociology* 52/4 (2004), S. 649–670.

21 John Keane, »Monitory Democracy?«, in: Sonia Alonso, John Keane und Wolfgang Merkel (Hg.), *The Future of Representative Democracy*, Cambridge 2011, S. 213. Siehe auch John Keane, *Democracy and Media Decadence*, Cambridge 2013.

22 Stephen Coleman, *Can the Internet Strengthen Democracy?*, Cambridge 2017, S. 1.

23 Philip Pettit, *Republicanism*, Oxford 1999, S. 183–205.

24 Paul Mason, *Postkapitalismus*, S. 18.

25 Helen Margetts, Peter John, Scott Hale und Taha Yasseri, *Political Turbulence: How Social media Shape Collective Action*, Princeton 2016, S. 206. Siehe auch Cass R. Sunstein, *Republic.com.2.0*, Princeton 2007.

26 Manuel Castells, *The Internet Galaxy: Reflections on the Internet, Business, and Society*, Oxford 2001; dt.: *Die Internet-Galaxie: Internet, Wirtschaft und Gesellschaft*, Wiesbaden 2005, S. 129.

27 Owen Jones, *Chavs: The Demonization of the Working Class*, London 2011; dt.: *Prolls: Die Dämonisierung der Arbeiterklasse*, Mainz 2012, S. 33.

28 Ralf Dahrendorf, *Soziale Klassen und Klassenkonflikt in der industriellen Gesellschaft*, Stuttgart 1957.

29 Ralf Dahrendorf, *Betrachtungen über die Revolution in Europa*, S. 152 und 155.

30 Ebd. S. 155.

31 Ralf Dahrendorf, »Der Intellektuelle und die Gesellschaft«, *Die Zeit*, 29. März 1963, https://www.zeit.de/1963/13/der-intellektuelle-und-die-gesellschaft/, S. 4 (Stand Oktober 2018).